「逆向き設計」実践ガイドブック

『理解をもたらすカリキュラム設計』を
読む・活かす・共有する

UNDERSTANDING by DESIGN

奥村好美　西岡加名恵 ［編著］

日本標準

はじめに

　G. ウィギンズ，J. マクタイ（西岡加名恵訳）『理解をもたらすカリキュラム設計──「逆向き設計」の理論と方法』（日本標準）が 2012 年に出版されてから，約 8 年が経とうとしている。この間，中央教育審議会答申「幼稚園，小学校，中学校，高等学校及び特別支援学校の学習指導要領等の改善及び必要な方策等について」（2016 年）において，「資質・能力」のバランスのとれた学習評価を行うために「パフォーマンス評価」が推奨されたことなどを受けて，「逆向き設計」論にもとづくカリキュラム設計やパフォーマンス評価は，ますます注目されるようになっている。

　しかしながら，それらに対する理解は必ずしも十分に進んできたとは言いがたい。「「逆向き設計」論は，これからの教育を考えるうえで指針となりそうである。けれども，『理解をもたらすカリキュラム設計』を一人で読破し，理解するのは難しい」──そのような声を学校現場や大学院で編者（奥村）がよく聞くようになったのは，そんな折だった。そこで，この翻訳書を一緒に読み合い，それを活かして共に実践を考えているような気持ちになれる本，さらにはそうした学びを研修にまでつなげられるような本を作ることができないかと考えた。これが本書の出発点である。

　本書の第 1 章・第 2 章は，奥村を含む駆け出しの若手研究者と，大阪市立本田小学校の教師たちとで，実際に何度も集まって『理解をもたらすカリキュラム設計』の読書会を行い，実践につなげていったことをもとに執筆された。最初の読書会が行われたのは，2018 年 1 月 25 日のことである。それから，約 8 か月をかけて計 10 回の読書会が行われた。それは，研究者が何か答えをもっていてそれを伝えるというような会ではなく，ウィギンズらの真意は何か，それを日本の教育実践の文脈に織り込んだ場合にどのようになるのかについて互いに熱い議論を交わす場となった。研究者側は，教師たちによる率直な問いかけに答えられないこともあった。そこで，自分たちの理解を深めるためにウィギンズらの英語文献を読む読書会も 3 回ほど開いた。その場には本田小学校の当時の研究主任も参加してくださった。第 1 章と第 2 章には，そうした読書会での議論が多分に反映されている。

　一方，本書の第 3 章は，京都大学大学院教育学研究科 E.FORUM や京都府乙訓地域において，「逆向き設計」論をふまえつつ行われた教員研修や共同研究の事例について報告している。『理解をもたらすカリキュラム設計』では，理解は一足飛びに深まるものではなく，徐々に深まっていくものだと述べられている。「逆向き設計」論をふまえた実践づくりに取り組みはじめた先生方の理解がどのように深まっていくものなのか，また先生方の実践の知見を共有するのに「逆向

き設計」論の枠組みがどう役立つのかについての一端をお示しできているのではないかと思う。

　巻末には，用語解説，ならびに教員研修や実践の振り返りに使っていただけるワークシートを収録している。E.FORUM のウェブサイトには，パフォーマンス課題のつくり方について説明している動画や本書収録のワークシートも掲載しているので，あわせて活用いただければ幸いである（アドレスはパフォーマンス課題のつくり方：106 ページ，ワークシート：147 ページを参照）。

　一般に「ガイドブック」はそのページをめくるだけでも楽しいものだが，やはり現地に行って自分の目で見て，その空気を感じ，人と接し，文化に触れることこそが旅の醍醐味であろう。「ガイドブック」はその旅をより良いものにするためのひとつのツールであり，そこに書いてあることが絶対的に正しいわけではない。ぜひ読者の皆さまにも，本書だけでなく，実際に『理解をもたらすカリキュラム設計』を手にしてもらい，ともに「逆向き設計」への理解を深める旅に出かけていただければ幸甚である。こうした趣旨のもと，日本語版のページと照らし合わせてもらいやすいように，本書ではウィギンズらの原著を引用するのではなく，日本語版から引用を行うこととした。それをわかりやすくするために，以下，本書では，翻訳書『理解をもたらすカリキュラム設計』を『UbD 訳本』と略記している。

　なお，本書で報告している研究成果の一部については，文部科学省「平成 29 年度　教員の養成・採用・研修の一体的改革推進事業」，ならびに日本学術振興会科学研究費補助金の基盤研究（B）「『資質・能力』育成を促進する教員研修プログラムの開発」（課題番号　19H01628，2019 ～ 2023 年度，代表　矢野智司）の助成を受けた。また，本書の企画から刊行に至るまで，日本標準の郷田栄樹氏に多大なご支援をいただいた。ここに記して感謝したい。

　　2020 年 3 月

　　　　　　　　　　　　　　　　奥村好美　西岡加名恵

目 次

解説編

研修編

第3章　『理解をもたらすカリキュラム設計』を共有する　105

第1章

『理解をもたらす
カリキュラム設計』
を読む

| 第1節 | 理解をもたらすカリキュラムの設計とは |

理解をもたらすカリキュラムの設計とは

奥村好美

「授業や単元，科目を，今まで快適に使ってきた方法や教科書，活動から導き出してはならない」「要するに，最良の設計とは，求められている学習から逆向きに遡って導き出されたものなのである」（『UbD 訳本』p.17）

1 はじめに

　変化が激しい社会のなかで子どもたちが生きていくために必要な学力をどのように保障できるだろうか。本書が基礎とする G. ウィギンズ，J. マクタイ（著），西岡加名恵（訳）『理解をもたらすカリキュラム設計──「逆向き設計」の理論と方法』[1]（日本標準，2012年。原著 <u>U</u>nderstanding <u>by</u> <u>D</u>esign, Expanded 2nd Edition の頭文字を用いて以下，本書を通して『UbD 訳本』と記す）が提案している「逆向き設計」論と呼ばれるカリキュラム設計論は，この問いを考えるヒントを豊富に含んでいる。

　ここで，あくまでもヒントとしたのは，「逆向き設計」論は，「これをやればうまくいく」方式の特効薬ではないためである。2017年版学習指導要領の全面実施に伴い，書店には，さまざまな教育手法やツールに関する本が並んでいる。しかしながら，それらの手法やツール等をパッチワークのように取り入れたとしても，それだけで，子どもたちが生きて働く学力を身につけられるわけではないだろう。

　「逆向き設計」論は，「どんなカリキュラムであれ，生徒の理解（と一般に求められている結果）をもたらす可能性を高めるようなカリキュラムを設計したり再設計したりする仕方」（『UbD 訳本』p.9）を提供するものである。つまり，育てたい子どもたちの姿を実現する可能性を高めるために何を考えるべきかという「枠組み」を提供しているのである。本節では，『UbD 訳

本』に即して，ウィギンズらが提起している「逆向き設計」論の背景にある考え方や「逆向き設計」論の概要，留意点等について記してみたい。

2 『UbD 訳本』の背景にある考え方

（1）学校での学習の問い直し

　「理科でおもちゃ作りを取り入れてみた。子どもたちは楽しく取り組んでいた。しかし，その活動を通して子どもたちが何を学んだのかはよくわからない」「このままのペースで授業を進めると社会科の教科書が終わらないことに気がついた。そのため，年度の後半は駆け足で教科書を終わらせた」……このような経験はないだろうか。これらは，ウィギンズらが挙げる「理解と設計に関する厄介な側面を明らかにしている」（『UbD 訳本』p.2）エピソードの一部をもとにしている。2つの例は，一見異なる状況のように見えるだろう。それにもかかわらず，こうした例は「同じ一般的な問題を抱えている」（『UbD 訳本』p.4）とウィギンズらは述べる。

　違いとしては，前者は「活動」すること，後者は教科書を「網羅」することに焦点を合わせた指導であることが挙げられる。ただし，いずれも「明確な知的ゴールは何ら明らかになっていない」（『UbD 訳本』p.4）という同じ問題を抱えている。つまり，教育活動を通して「子どもたちにこのような姿になってほしい」というゴールが定まっていないのである。

　ウィギンズらはこの2つを「双子の過ち」と

呼ぶ（詳しくは本章第2節参照）。見た目は大きく違うものの，どちらにおいても子どもたちは「この学習で大切な点は何か？」「なぜ私たちはこれを学習しているのか？」などの問いを見いだしたり，答えたりすることはできないと考えられるためである。

このように「逆向き設計」論は，学校でのよくある学習に疑問を投げかける。そして，育てたい学力を本当に子どもたちに保障するための計画を「意図的」に設計することを提案しているのである。

（2）学校での評価の問い直し

学校での学習を問い直そうとしたとき，併せて評価も問い直さなければ，本当の意味での学習の問い直しにはつながらないだろう。いくら教師が目標にもとづいて実り豊かな学習を生み出そうとしたとしても，もし最後にいわゆる「標準テスト」のみが実施されれば，子どもたちは暗記したり覚えたことを再生したりすることに力を注ごうとするかもしれない。

実は，「逆向き設計」論を提唱しているウィギンズらは，「真正の評価」論と呼ばれる評価論を提唱している。「真正の評価」論とは，評価の中心に「現実的なパフォーマンスにもとづく検査がある——現実世界のやり方で，真の目的，相手，状況における諸条件を考えながら，知識を活用することを生徒に求める」（『UbD訳本』p.396）考え方である。つまり，子どもたちが学んだ知識等を現実的な文脈のなかで活用できるかどうかが評価される。

「真正の評価」論に関しては，「教育評価」において「質」と「参加」を保障するものであることが指摘されている[2]。「質」は，現実世界等を反映するといった意味での「真正性」と密接に関わっている。「真正の評価」論では，学校世界だけでしか通用しない課題ではなく，現実世界等を反映する評価課題が用いられる。このことによって，評価課題が子どもたちにとって馴染みやすく生活上の必然性を帯びることになる。そしてそれ以上に，情報が過多または不足している世界が反映された課題となるため総合的な深く広い理解力を求めるものになる。「学ぶ価値のあるもの」を評価しようとすることが，「教育評価」における「質」が意味するものであるといえよう。

「参加」に関しては，「評価する人」「評価される人」という一方的な関係を組み直し，「評価される人」の権利擁護がめざされる。「（評価に）利害関係や関心がある人」を指す「ステイクホルダー」という概念を用いて，彼らが評価場面に「参加」することが重視される。「ステイクホルダー」には，子どもたち，保護者たち，そして教師たち自身も含まれる。

「逆向き設計」論において評価のことを考える場合には，以上のような考え方が背景にあることを忘れてはならない。「質」と「参加」の原理の両方が位置づかなければ，単に現実的な評価課題を提供するだけ，子どもたちが課題に取り組んだ結果を測定するだけの評価へと矮小化されかねないだろう。

3 「逆向き設計」論

（1）「逆向き設計」論とは何か

「逆向き設計」論とは，『UbD訳本』の原著のタイトルが『理解をもたらすカリキュラム設計』であるように，カリキュラム設計論である。ただし，『UbD訳本』は，カリキュラムにおける単元の設計に焦点を合わせて記述されている。その方が教師にとって親しみやすいと考えられたためである。つまり，入り口として，まずは「逆向き設計」論で単元が設計され，そこから個々の単元が長期的な視点のなかに位置づ

けられることが推奨されている（詳しくは本節Q&A参照）。そのため，本節でも基本的に単元の設計を中心に記述していくこととする。

「逆向き設計」論では，表1-1-1や図1-1-1のように3段階で単元を設計することが求められる。3段階とは，目標にあたる「求められている結果を明確にする」，評価にあたる「承認できる証拠を決定する」，授業過程にあたる「学習経験と指導を計画する」の3つである。

表1-1-1　「逆向き設計」の3段階

① 求められている結果を明確にする
生徒は何を知り，理解し，できるようにならなければならないのか？　理解するに値するのは，どんな内容か？ どのような「永続的理解」が求められているのか？
② 承認できる証拠を決定する
生徒が求められている結果を達成したかどうかについて，どうやって知ることができるだろうか？ どんな証拠が，生徒の理解や習熟を示すものとして承認されるだろうか？
③ 学習経験と指導を計画する
生徒が効果的にパフォーマンスを行い，求められている結果を達成できるようにするためには，どのような知識（事実，概念，原則）とスキル（プロセス，手続き，方略）が必要なのか？　必要な知識とスキルを，生徒は，どのような活動によって身につけるだろうか？　パフォーマンス・ゴールと照らし合わせると，何が教えられコーチされる必要があるのだろうか？

出典：『UbD 訳本』pp. 21-22 より一部抜粋して作成。

図1-1-1　「逆向き設計」の3段階

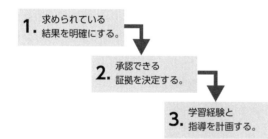

出典：『UbD 訳本』p. 22。

この3段階は，必ずしもこの順番で段階的に考える必要はない（『UbD 訳本』p.35）。どこから考えはじめたとしても，学習が始まる前に，3つの段階が対応して考えられていることが重要である。このように書くと，もしかすると，従来多くの教師が行ってきた「単元の目標を設定して授業を組み立てていくことと何が違うんだろう？」と思った人もいるかもしれない。

「逆向き設計」論が，「逆向き」と呼ばれる理由は2つある。1つめは，単元末や学年末といった最終的な子どもたちの姿から遡って単元（カリキュラム）が設計されることにある。これはこれまでにも大切にされてきたことであろう。2つめは，子どもたちが目標に到達できたかをどのように判断するかという評価方法まで，授業の**前に**考えておくことにある。目標にもとづいて授業を組み立てていたとしても，評価については授業後に慌ててテストを作成していたという教師は少なくないかもしれない。通常，後から考えられがちな評価方法を含めて事前に単元を設計する点に2つめの「逆向き」と呼ばれる理由があり，これが従来の考え方との大きな違いであるといえるだろう。

ここで，「逆向き設計」論の特徴として視点の転換についても触れておきたい。表1-1-1におけるそれぞれの段階の疑問文を見てほしい。多くの場合，生徒が主語となっていたり，生徒にとっての意味や必要性が問われたりしている。つい私たちは，**教師が**①どんな目標を設定し，②評価方法を考え，③指導を計画するべきかというように，教師を主語に考えがちである。もちろん，実際には教師が考えるのだから間違いではない。しかし，同時に**生徒は**①何を知り，理解し，できるようにならなければならないのか，②どのように求められていることを達成したと示せるのか，③どのような学習経験を必要としているのかという問いがなければ，

子どもたちに必要な学習が本当に生じたかはわからない。

ウィギンズらは，こういう状態を指して，「あまりにも多くの教師が，**学習**にではなく**指導**に焦点を合わせている」（『UbD 訳本』p. 17，下線は引用者）と指摘する。「教師がどう振る舞うか」（「教科書のこの内容を教えるためにどんな発問や指示をしようか」「どんな教材を用いようか」など）だけではなく「子どもは何をどう学んでいるか」（「子どもたちには，どのような学習が求められているのか」「そのような学習が行われたかどうかはどのように把握できるのか」など）という視点で教育活動を考えることの重要性が強調されている。

こうした視点がない単元（カリキュラム）の設計は「意図的設計（by design）」ではなく「希望的観測（by hope）」であるとウィギンズらは考える。学習の主体が子どもたちであるという事実が軽んじられたとき，子どもたちは「なぜ」「何のために」自分がその学びをしているのかわからないまま，教師が準備する教育活動を受け身で受け止め続けるかもしれない。

「逆向き設計」論を，目標・評価・指導の一体化という視点のみでとらえると，目標へ向けた，やや固定的な単元設計になるのではないかと考える人もいるかもしれない。しかしながら，本来ウィギンズらが述べるように，学習が子どものものになっているかという視点で単元設計が問い直されたとき，固定的な単一のレールは想定されにくくなるだろう。

（2）なぜ「理解」なのか

「逆向き設計」論を提案している原著のタイトルは『理解をもたらすカリキュラム設計』である。タイトルのとおり，「理解」をもたらすことが重視され，めざされている。しかし，なぜ「理解」をもたらすカリキュラムが求められ

るのだろうか。ここではその理由を考えておきたい。

ウィギンズらによると「理解するとは，物事の意味をとらえられるように，私たちの知識を関連づけ，ひとまとまりにつなぎ合わせること」（『UbD 訳本』p. 8）である。逆に「理解がなければ，私たちは，複数の事実を不明瞭で分離されたもの，役に立たないものとしてしか見ることができないだろう」（『UbD 訳本』p. 8）という（「理解」について詳しくは本章第 2 節参照）。学校で学んだ用語や事実を鵜呑みにして覚えているだけでは，それらは役に立たないものと考えられてしまう。そうではなく，その意味をとらえられるようになることが重要であると考えられている。

ただし，理解するとは「単なる知的な働きだけでなく『すること（doing）』をも意味している」（『UbD 訳本』p. 8）という。理解していれば，「知っていることを文脈のなかで賢明にかつ効果的に活用する―転移させる―ことができる」（『UbD 訳本』p. 8）と考えられている。つまり，学んだことを現実世界のさまざまな場面で生かすためには，本当にわかること（理解）が不可欠であると考えられていることになる。そのために「理解をもたらすこと」が求められているのである。

逆にいえば，「逆向き設計」論で「求められている結果」として，ウィギンズらが大切にしたいことは，子どもたちが知っていることを異なる場面で生かせるようになることであるといえる。この点で，「逆向き設計」論は，目標の中身を問い直すものでもあるといえよう。

（3）「逆向き設計」のテンプレート

これまで示してきたような「逆向き設計」論にもとづいて単元を設計するために，ウィギンズらはテンプレートを提案している。こうした

テンプレートは，最初は慣れないかもしれないが，使っているうちに教師は「逆向き設計」論を内面化しはじめるという。テンプレートには簡単な1ページ版から詳細な計画を可能にする6ページ版まである。表1-1-2は1ページ版のテンプレートから項目だけを抜粋したものである。1ページ版であっても，①「逆向き設計」論の全体構造を知り，見通しがもて，②評価方法（第2段階）と学習活動（第3段階）が，明確にされたゴール（第1段階）とどの程度一致しているかという整合性の点検ができ，③教師や学区が開発した既存の単元の再検討にも用いることができるという。

「逆向き設計」論のテンプレートは，日本で慣れ親しんでいる指導案の形式とは異なるため，戸惑う人も多いかもしれない。しかしながら，盛り込まれる内容自体は大きく変わるわけではない。そのため，基底にある考え方を押さえておけば，第2章のような形で日本においてもアレンジして用いることができるだろう。

まず，第1段階では，生徒に何を理解して

表1-1-2 「逆向き設計」テンプレート

第1段階　求められている結果	
設定されているゴール：	
理解： 生徒は，〜は……だと理解する。	「本質的な問い」：
生徒は，次のことを知る。（知識）	生徒は，次のことができるようになる。（技能）
第2段階　評価のための証拠	
パフォーマンス課題：	他の証拠：
第3段階　学習計画	
学習活動：	

出典：『UbD訳本』p. 27より一部抜粋。ガイドラインは省略した。

ほしいかを熟考することが教師には求められる。日本の指導案では，多くの場合，観点別評価の視点で単元の目標が示されたり，簡潔に本時の目標が記述されたりする。しかしながら，「逆向き設計」論では子どもたちに「理解」を保障するために，「求められている結果」を，ゴール，「（永続的）理解」と「本質的な問い」，知識と技能に分けて記述することが求められる。

このうち，「本質的な問い」とは，子どもたちが「理解」に至るような教科の探究や「看破」を促す問いである。「看破」とは，子どもたちがわかっていてもいなくても一定の内容をくまなく取り上げる「網羅」の反対を意味する言葉であり，深く掘り下げることで子どもたちが自ら「永続的理解」に至ることを意味する。「本質的な問い」があることで，教師が教え込むのではなく，子どもたちが追究の結果「永続的理解」に至るような学習を生み出す設計が可能となるといえる（詳しくは「本質的な問い」については本章第3節，「理解」や「看破」は本章第2節を参照）。

第1段階での「設定されているゴール」の欄には，「この設計は，関連するどのようなゴール（例：内容スタンダード，科目や教科課程の目標，学習の成果）を扱うのか？」を記入することが求められている。ここでいう内容スタンダードとは，日本で述べるならば学習指導要領のようなものを指す。ウィギンズらが『UbD訳本』で挙げている事例では，「設定されているゴール」の欄は，基本的にアメリカの「内容スタンダード」，つまり日本でいう学習指導要領を記したものになっている。

このことから，日本でテンプレートを用いる場合も，「設定されているゴール」欄では学習指導要領などの基準をベースとすることが考えられる。ただし，そうしたとしても，先述したようにそのゴールを「永続的理解」や「本質的

な問い」，知識，技能に整理することが求められる。ここに「本質的な問い」が入っている役割は大きい。「本質的な問い」を設定することで，教師自身も教材研究などを通じて「永続的理解」を探究的に考えることが求められる。また，他の単元の「本質的な問い」との関係といった単元間のつながりを長期的な視点で考えることも求められる（詳しくは本章第6節を参照）。こうしたプロセスによって，ゴールとして学習指導要領などを参照しつつも，それを鵜呑みにするのではなく見つめ直す場が設けられるといえる。

　次に，第2段階では，評価のための証拠を記入することが求められている。評価のための証拠としては，「パフォーマンス課題」が重要な役割を果たす。「パフォーマンス課題」とは，子どもたちが覚えたことを単に再生するだけでは取り組めないような課題であり，構造化されていない，型にはまっていない，または予想不可能な問題や挑戦の文脈で，学んだ知識やスキルを総合して活用することを求めるような複雑な課題を指す。

　ただし第2段階では，評価方法として「パフォーマンス課題」だけでなく，従来使用されてきたようなフォーマルなテストや，インフォーマルな観察や対話，子どもの自己評価などさまざまな「他の証拠」が含まれることが想定されている。

　この点に関しては，図1-1-2のような「知の構造」が参考になるだろう。図1-1-2における「事実的知識」や「個別的スキル」は「知っておく価値がある」内容である。「転移可能な概念」や「複雑なプロセス」は「知ること，することが重要」な内容である。「原理や一般化」は「永続的理解」にあたると考えられている。

　図1-1-2によれば，「原理や一般化」を中心とした内容を評価するためには，パフォーマ

図1-1-2　「知の構造」と評価方法・評価基準の対応

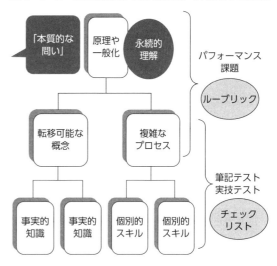

出典：McTighe, J. & Wiggins, G., *Understanding by Design: Professional Development Workbook*, Alexandria, VA: ASCD, 2004 及び Erickson, H.L., *Stirring the Head, Heart, and Soul, 3rd Ed.* Corwin Press, 2008 に基づき西岡氏によって作成された図（西岡加名恵『教科と総合学習のカリキュラム設計──パフォーマンス評価をどう活かすか』図書文化社，2016 年，p. 82）を一部変更。

ンス課題が適している。一方，「事実的知識」や「個別的スキル」を中心とした内容を評価するためには，筆記テストや実技テストが適している。これまでは，後者のみに評価方法が偏っていたことが問題とされてきた。しかし，だからといって前者だけになってしまうと，「知っておく価値がある」内容を評価しにくくなってしまうだろう。評価したいものに応じて，評価方法を組み合わせることが重要である。

　最後に，第3段階は，「学習活動」という形で学習計画を記入するようになっている。こうした「学習」計画という言葉にも，「学習」に焦点を合わせるというウィギンズらの思いがあらわれているといえよう。学習計画の設計は，具体的には，WHERETO と呼ばれる7つの要素を意識して設計することが求められる（詳しくは本章第5節を参照）。

　学習活動の設計にあたっては，一つ一つの授業レベルというよりは，むしろ長期的な視点をもって単元レベルで考えていくことが重要とな

る。日本の従来の授業研究においては，指導案に単元計画が載っていたとしても，どちらかというと「本時」の授業づくりに焦点化される傾向が強かったといえる。しかしながら，探究の結果，子どもたち自身が「永続的理解」に至るような学習を設計しようと思うと，1時間の授業だけでは不可能である。一つ一つの授業レベルで考えられがちな達成されるべき目標（objectives）だけに限定することなく，長期的な視点で目指すべきゴール（goals）にもとづいて学習活動が設計されることが必要となる。ただし，これまでにも述べてきたように，ゴールや目標は固定的なものではない。それ自体を常に問い直しながら，学習プロセスを（再）構成していくことが重要であろう。

4 おわりに

本節では，『UbD 訳本』の原著者であるウィギンズらが提起している「逆向き設計」論の背景にある考え方や「逆向き設計」論の概要，留意点等について整理を試みた。

「逆向き設計」論は，目標，学習，評価を問い直すことを通じて，これからの時代を生きていくために必要な学力を子どもたちに身につけられるように，単元を中心としながらカリキュラムを設計するための考え方である。この後の節では，「逆向き設計」論の第 1 段階から順に，重要なキーワードに沿って考え方を丁寧に押さえていく。こうした考え方をふまえて，自身の教育活動を振り返ってみてほしい。今後の教育活動を支える多くのヒントが見つかれば幸いである。

---

1) 原著：Wiggins, G. & McTighe, J., *Understanding by Design, Expanded 2nd Edition*, Alexandria, VA: ASCD, 2005.
2) 田中耕治「監訳者による解説」ダイアン・ハート（著），田中耕治（監訳）『パフォーマンス評価入門——「真正の評価」論からの提案』ミネルヴァ書房，2012 年，pp. 153 - 173。

 **① 「逆向き設計」によるカリキュラム設計のポイント**……………

Q 「逆向き設計」論は単元を設計する考え方ですか？

A 本書がベースとしているウィギンズらの『UbD 訳本』は，教師にとって親しみやすい単元設計に焦点を合わせて記述されています。ただし，各単元はもっと長期的な指導計画のなかに位置づけられることが推奨されています。一方で，各授業も単元設計を行うなかで考えられていくことになるため，授業づくりにも生かすことができるようになっています。このように，短期的な視点（ミクロな設計）と長期的な視点（マクロな設計）を往還しながらカリキュラムを考えていけるようになっています。

　このような形で，単元を中心としてカリキュラムを設計していく際には，実践をしてみた結果，子どもたちの姿にもとづいて，時に教育目標自体を問い直しながら，学習計画をつくり直していくことが大切にされています。「逆向き設計」論では，日常の授業，単元，長期的な指導計画を相互に結びつけて往還しながら設計し，見直していくことが求められているといえます。

Q 「逆向き設計」論で単元を設計すると 1 単元の授業時数が長くなりませんか？

A 「逆向き設計」論で単元を設計した場合，評価課題としてパフォーマンス課題を用いることが推奨されます。そうすると，従来の指導書に載っている授業時数にプラスαの時間数を加えて単元を設計しなくてはならないのだろうと考える人もいるかもしれません。

　しかしながら，第 1 節で説明したように，『UbD 訳本』では，単に教科書を進めるだけの「網羅」するタイプの指導計画ではなく，子どもたちが自分で「永続的理解」に気づけるような「看破」を促す学習計画が求められます。つまり，指導書に書かれているとおりに単元を

進めて最後にパフォーマンス課題を追加すればよいのではなく，子どもたちの姿に即して単元の学習計画自体を組み直すことが求められます。そうすることによって，本当に必要な学習内容が精選されることになるでしょう。このようにして考えていくと「逆向き設計」論にもとづいて単元を設計したからといって，必ずしも授業時数が長くなるわけではないといえるでしょう。

Q 「本質的な問い」や「永続的理解」が思い浮かばないときはどうしたらよいですか？

A 「逆向き設計」論において，「本質的な問い」や「永続的理解」を考えることは，単元などの目標の問い直しにつながる重要なポイントです。しかしながら，この「本質的な問い」や「永続的理解」を考えることは思いのほか難しいものです。けれども，「本質的な問い」や「永続的理解」を場当たり的に設定したのでは，本当に子どもたちの「看破」を促すような設計とはならないかもしれません。「本質的な問い」や「永続的理解」を考える際には，まず単元の中核に位置する重点目標に見当をつけるところから始めてみてください。そして，それを「本質的な問い」と「永続的理解」に転換してみてください。その際，子どもたちの実態をふまえながら，学習指導要領や過去の授業研究の蓄積などにあたるといった綿密な教材研究を行うことなどが重要となってくるでしょう。

　ここで「永続的理解」だけでなく「本質的な問い」の設定も行われることは 1 つのポイントです。「本質的な問い」へ向けて探究することで理解を深めていくのは何も子どもたちだけではないからです。教師も「本質的な問い」へ向けて教材研究などの探究を行うことで「永続的理解」を常に見直すことができるでしょう。

「理解」に焦点を合わせた教育目標の設定
──「何を」「どう」理解するのか

本宮裕示郎

「そう，最良の理解は永続的である。そして，熟達者が理解していること，理解したこと，および私たちが教師として理解するに至ったことを，生徒と共有することが私たちの仕事である」（『UbD 訳本』p. 173）

1 はじめに

　『理解をもたらすカリキュラム設計』というタイトルにも表現されているように，「理解」という概念は，ウィギンズらの教育思想において中心的な役割を担っている。序章含め 14 の章からなる同書において，「理解」という言葉が，5 つの章タイトルに含まれていることからも，その重要性がうかがわれる。

　しかし，ウィギンズらの説く「理解」を理解することが極めて困難なものになっていることもまた事実である。学習者自身が意味を創り出す構成主義の学習観を前提に，「理解」という言葉自体は，同書を通じて，幾度となく，しかも多様な表現を用いて，言及されている。「物事の意味をとらえられるように，知識を関連づけ，ひとまとまりにつなぎ合わせること」（『UbD 訳本』p. 8），「心的な構成概念であり，たくさんの個別的な知識の断片の意味をとらえるために，人の知性が行う抽象化」（『UbD 訳本』p. 43），「生徒が探究，パフォーマンス，振り返りによって学業と授業の意味をとらえようとする試みの構成主義的な結果」（『UbD 訳本』p. 70）など，その例は枚挙にいとまがない。逆にいえば，あまりにさまざまな表現を用いて言及されるために，ウィギンズらの真意がどこにあるのか，読者が測りかねる事態が引き起こされているとも推測できる。

　こうした事態をふまえて，本節においては，「理解」という概念の交通整理を通じて，ウィ

ギンズらの真意を探っていきたい。本節の方向性をあらかじめ示せば，「理解とは何か」に関するウィギンズらの考察は，「何を」理解するのか，「どう」理解するのか，という 2 つの問いに集約される。そこで，前者の問いについては，「知識」との対比などを足掛かりにして，後者の問いについては，「理解の 6 側面」に焦点を合わせて考察していく。まずは，「理解」が必要とされるようになる背景を押さえたうえで，2 つの問いについて考察を深めていこう。

2 「何を」理解するのか

（1）「双子の過ち」

　教室で起きていることがまるで違って見えるにもかかわらず，根っこに同じ問題を抱えていることがある。一方には，子どもの活動がベースとなる単元，たとえば，国語科ではリンゴについての物語を読み，理科ではリンゴの特徴を学び，社会科ではリンゴ農園を見学する，といったように，教科横断の共通テーマを設定し子どもの興味を促しつつ，子どもが行う活動に重きを置く単元がある。他方には，教科書がベースとなる単元，たとえば，社会科歴史分野で，学年末が近づくにつれて，近現代の出来事を十分に扱うための時間の不足に教師が気づき，事前に計画していたディベートや話し合いが省かれ，教師の説明中心に変更される単元がある。ウィギンズらは，前者のような，子どもがさまざまなハンズ・オン（手を使う）の活動を行う

ことを活動志向と呼び，後者のような，教科書の網羅を第一に考えることを網羅志向と呼ぶ。

　これらの単元での授業を実際に参観すれば，あなたの目にはまったく異なるものとして映るかもしれない。しかし，ウィギンズらによれば，どちらの授業も共通の問題を抱えている。つまり，活動志向であっても網羅志向であっても，明確な知的ゴールが設定されていないため，子どもは「ここで何が重要なのか」，「要点は何か」といった問いに答えることができない。どちらの授業においても，優先順位も関連づけも与えられていないバラバラな知識とスキルを身につけることが子どもたちに推奨されてしまっているのである。そのため，活動志向と網羅志向はともに教室内で典型的に生じる「双子の過ち」とみなされる。

（2）「知識」と「理解」の対比

　では，教育目標として設定すべき知的なゴールとは何か。ウィギンズらにとって，それが「理解」であった。ただし，教育目標としての「理解」自体の理解は，一筋縄ではいかない。たとえば，「車を直す方法を知っている」という表現と「車の直し方を理解している」という表現の間にある差異に多くの人が気づかないように，日常的な会話において，「知っている」と「理解している」は，ほとんど区別されていない。

　このことは，日常的なレベルだけではなく，学校教育の世界でも当てはまる。試みに，2017年版小学校学習指導要領を開いてみれば，各教科の目標（「日常生活に必要な国語について，その特質を理解し適切に使うことができるようにする」〈国語〉，「自然の事物・現象についての理解を図り，観察，実験などに関する基本的な技能を身に付けるようにする」〈理科〉など）のなかにも，「理解」という言葉がしばしば見られる。しかし，先の日常会話と同じように，ここでも「知って

いる」との区別は明瞭ではなく，両者は置き換え可能なものとして扱われている。

　その一方で，子どもの「理解」について教師に問うと，「彼は公式をたくさん知っているが，算数・数学的な考え方を本当には理解していない」，「彼女は歴史的な出来事をたくさん知っているが，その出来事の意味は理解していない」といった返答がたびたび聞こえてくる。これらの返答は「知っている」と「理解している」が別物であることを示唆している。しかし，「知識」と「理解」の区別を説明するように教師に続けて問うと，困惑した表情を浮かべることになる。では，「知識」と「理解」は何が違うのだろうか。ウィギンズらによれば，それらは表1-2-1のように対比される。

　こうした対比から，ある物事を他の物事との関係のなかでとらえるという「理解」の特徴が明らかとなる。たとえば，表1-2-1で最初に挙げられている対比（「諸事実」と「諸事実の意

表1-2-1　「知識」と「理解」の対比

知識	理解
諸事実	諸事実の意味
一貫性のある事実のかたまり	それらの事実に一貫性と意味を与える「理論」
実証できる主張	誤りに陥りがちな，進行中の理論
正しいか，誤りか	程度や洗練さに関わること
あることが本当だと，知っている	それがなぜか，それが何によって知識となっているかを，理解している
自分が知っていることを手がかりに応答する	自分が知っていることを活用すべきときと活用してはいけないときとを判断する

出典：『UbD 訳本』p. 44。

味」）の間にある差異は，「意味」の記述の有無である。通常，物事の意味は，他の物事との関係のなかから見えてくる。つまり，それが他に対して，どのように作用したり機能したりするのか，どのように活用されるのか，といったことをとらえられるようになることで意味をつかむことができるようになる。物事の意味を把握することによって，身につけた知識を文脈のなかで賢明かつ効果的に活用することができるようになるのである。逆にいえば，「知識」を身につけることが自動的に「理解」をもたらすわけではない。学んだことを異なる文脈に「転移」させる必要があるということである。

「転移」とは，ある授業で学んだことを単元や科目を越えて異なる状況に応用することである。教室において，教師は，子どもたちにすべてのことを教えることはできない。各教科の土台にある研究領域全体から見て，教室内で扱うことのできる知識やスキルは，限られたものである。そのため，教師には，子どもたちが限定的な学びを他のさまざまな状況に「転移」できるように，手助けすることが求められる。

とはいうものの，学んだことを新たな状況にただやみくもに「当てはめる」ことを「転移」と呼ぶわけではない。「転移」とは単なる当てはめではなく，状況に合わせて，修正し，調整し，適合させることである。つまり，「当てはめる」ことがそもそもできるのか，どのような場合に「当てはめる」ことができ，どのような場合に「当てはめる」ことができないのか，そうした判断を下すための根本的な理由を問うものである。そして，「転移」を引き出す基礎を提供するものが「重大な観念」である。

（3）「重大な観念」とは何か

「重大な観念」は，「カリキュラム，指導，評価の焦点として役立つような，核となる概念，

原理，理論およびプロセス」（『UbD 訳本』p. 396）と定義される。それは，熟達者が探究することを通じて至ることのできた境地であり，熟達者の本分となる思考法や知覚法である。そのため，その多くは，抽象的で，子どもたちにとって直観に反することもある。ただし，その原語は，big idea であり，「重大な観念」という日本語から受ける印象以上に，ウィギンズらは幅広く柔軟に解釈している。表1-2-2の典型例が示すように，それは，単語や句，問いといった，さまざまな形式で表現される。

こうした「重大な観念」を教育目標に組み入れることで，理解すべき具体的な教育内容を特

表1-2-2 「重大な観念」の種類と典型例

種類	典型例
概念	「平等」「友人」「機能」「ジャンル」「サンプル」「欠乏」
論点または論争	「生まれvs.育ち」「制約のない自由 (liberty) vs. 許可された自由 (license)」「多数派が常に支配する」
プロセス	「問題解決」「科学的な調査」「意思決定」
逆説	「平和のための争い」「等速度運動する物体には力が加わっていない」「少ないほど豊か」
テーマ	「勧善懲悪」「人間に対する人間の残虐さ」「万一のための貯金」
解決すべき問題	「ゴルフやテニスで力とコントロールをどのように最大化する方法」「出荷量を最大化する方法」
理論	「自然淘汰」「ビッグバン理論」
仮説またはパースペクティブ	「芸術は意味を伝達する」「テロリストvs.自由を得るために戦う人」「資本主義は最良の経済システムである」

出典：『UbD 訳本』pp. 83 - 84, McTighe, J. & Wiggins, G., *Understanding by Design: Professional Development Workbook*（以下，*Workbook* と記す），Alexandria, VA: ASCD, 2004, p. 71 をもとに筆者作成。

定しやすくなる。たとえば、「南北戦争を理解する」という目標について考えてみよう。この目標だけでは、南北戦争の何について理解すべきなのかが明瞭になっていない。「南北戦争の原因を理解する」というように、内容の焦点を絞ったとしても、同じ問題を抱えている。この目標でも、南北戦争の原因について、何を理解すべきなのかは表現されていない。ウィギンズらは、南北戦争に関する「重大な観念」としては、「経済的、政治的、道徳的な問題としての奴隷制」や「連邦政府による統制と州の権利の対立」、「『正当な』理由」といったことを挙げている（*Workbook*, p.86）。これらを組み入れて、「南北戦争は、奴隷制の道徳性、連邦政府の役割に関する根本的に異なった見解、地域経済の相違点、諸文化の衝突といった、いくつかの重要で相互に関連する原因によって生じたことを理解する」といった目標を設定することで、授業で扱う知識とスキルに優先順位と関連づけを与えることがはじめて可能になるのである。

（4）「永続的理解」に込められた意図

「重大な観念」を教育目標に組み入れることで、何を教えるか（そして、何を教えないか）という観点から、教師は授業を計画することが、たしかに可能になる。しかし、「重大な観念」が子どもたちの「理解」を自動的にもたらすわけではない。子どもたちが「理解」を事実として受けとめてしまう恐れがあるためである。つまり、子どもたちが「理解」に至るかどうかは、教師が「理解」を事実として教えないことにかかっているのである。

先の例に即していえば、南北戦争の原因に関する目標を暗唱できることは、学習者の「理解」の証拠にはならない。そこでは、言葉のうえでの知識が要点ではない。むしろ、子どもたちに求められることは、事実の暗唱ではなく、その

ような事実へと至った歴史家の思考や知覚を追体験することである。教師は、子どもたちが表面的な事実を「看破」し、「理解」へとたどりつくような授業を計画しなくてはならないのである。

『UbD 訳本』では、「看破（uncoverage）」は、表面的なものを意味する「網羅（coverage）」と対比的に用いられている。たとえば、教材が「網羅」されるとき、子どもたちの目には、すべての教育内容が同じ価値をもつように映る。優先順位や関連づけが与えられず、重要な何かが子どもたちの視界から隠されているからである。対して、「看破」には覆い隠されているもののなかに重要な何かを発見する役割、つまり、隠蔽するのではなく暴露することが期待されている。

さらにいえば、ウィギンズらの求める「理解」は、単一の合意されたものともならない。たとえば、南北戦争の主な原因について、歴史家のなかにも、奴隷制の邪悪さに焦点を合わせる者もいれば、州の権利に関わる論点に焦点を合わせる者もいるだろう。そのため、合意された1つの見解へと最終的に至ることがないかもしれない。「理解」とは限られた証拠にもとづく推論であり、論争的な性質が含まれているのである。

こうした「理解」こそ、「永続的理解」と呼ばれるものである。「永続的」という修飾語には2つの異なる意味が込められている。1つは、あまりにも重要で有益なために、時を超え、諸文化を横断して、永続してきたという学問的な意味、もう1つは、教育内容を「看破」し、「転移」をもたらすために、子どもたちのなかで永続すべきであるという願望的な意味である。学問の世界の「理解」と子どもの世界の「理解」を重ね合わせるものとして、「永続的」という言葉が用いられているのである。つまり、子ど

もたちには，学問の世界に「渡る」こと，そして，子どもの世界へと「戻る」ことが必要とされており，教師には，この2つの世界の「理解」をつなぐ媒介者となることが期待されている。しかし，学問の世界を介することで，目の前に広がる世界が，これまでよりも鮮明に見えてくるというわけではない。むしろ，それは世界を見るための補助線や参照軸として，世界の複雑性をこれまで以上に訴えかけるものとして働く。問うべきものとしての対象世界が，まさにそこに立ち現れてくるのである。

3 「どう」理解するのか

ここまで，「知識」との対比や「重大な観念」を中心に，「何を」理解するのかという問いについて考察してきた。次に，「理解」の使われ方に目を向けて，「どう」理解するのかについて考察していく。再び，南北戦争の例を取り上げてみよう。熟達者である歴史家たちは，南北戦争の原因を追究するなかで，奴隷や為政者の立場で考えることや，複数の出来事を関連づけること，自分の推論を適切に表現することなどを自然に行っている。つまり，子どもたちが追体験すべき熟達者の「理解」とは，決して単一なものではなく，多面的に構成されたものなのである。ウィギンズらは，表1-2-3のように，6つの側面をもつ概念として「理解」を整理する。

ウィギンズらによれば，これらの6側面は，「転移」する能力が発現したものである。理想的には，6側面すべてを完全に発達させることが要求されている。ただし，国語科では「説明」，社会科では「共感」といったように，科目ごとに6側面を別々に発達させることが求められているわけではない。表1-2-4は，「理解の6側面」にもとづいて考えられた科目ごとのパフォーマンス課題例である。科目の特性や単元に応じて，どの科目においても，「理解」の6側面をある程度見いだすことが可能とされている。

表1-2-3 「理解の6側面」

説明することができる	現象，事実，データについて，一般化や原理を媒介として，正当化された体系的な説明を提供する。洞察に富んだ関連づけを行い，啓発するような実例や例証を提供する。
解釈することができる	意味のある物語を語る。適切な言い換えをする。観念や出来事についての深奥を明らかにするような歴史的次元または個人的次元を提示する。イメージ，逸話，アナロジーを用いて，理解の対象を個人的なものにしたり，近づきやすいものにしたりする。
応用することができる	多様な，またリアルな文脈において，私たちが知っていることを効果的に活用し，適応させる。教科「する」ことができる。
パースペクティブをもつ	批判的な目や耳を用いて，複数の視点から見たり聞いたりする。全体像を見る。
共感することができる	他の人が奇妙だ，異質だ，またはありそうもないと思うようなものに価値を見いだす。先行する直接経験にもとづいて，敏感に知覚する。
自己認識をもつ	メタ認知的な自覚を示す。私たち自身の理解を形づくりも妨げもするような個人的なスタイル，偏見，投影，知性の習慣を知覚する。自分は何を知覚していないのかに気づく。学習と経験の意味について考察する。

出典：『UbD 訳本』pp. 101-102 をもとに筆者作成。

表1-2-4 「理解の6側面」にもとづく科目ごとのパフォーマンス課題例

科目	説明	解釈	応用	パースペクティブ	共感	自己認識
英語	過去完了形を使うべきときと使うべきではないときの違いを説明する。	絵本『ふたりはともだち』の原文と日本語訳を比較して，言語の違いによって生じる意味の違いについて考察する。	あなたの街を訪れたイギリスからの旅行客のために，週末の活動スケジュールを提案する。		イギリスからの旅行客が誤解しないように，口語表現や慣習についてのガイドブックを作成する。	イギリスの慣習に対する，あなたの意見や疑問を書き出す。
科学	質量と重量の違いなど，誤解しがちな点に注目して，日々の行動や事実と物理法則を結びつける。	藻の問題が深刻かどうかを判断するために，池水の計測を行う。	EPA（経済連携協定）が遵守できているかを検討するために，地域の河川水の科学的な分析を行う。	アインシュタインが，空間を移動する光に追いつけば光は止まって見えるのかという問いを抱いたように，思考実験を行う。	もっともらしさとは何かを突き止めるために，前近代の科学的な文書や疑似科学と見なされる文書を読み，議論する。	グループワークをうまく行えなかった経験にもとづいて，効果的ではない協同学習に対する解決策を提示する。
芸術	音楽における無音の役割を説明する。	コラージュやダンスによって，恐れや希望を表現する。	学校での出来事について，一幕ものの芝居の脚本を書き，演じる。	同じ作品が異なるメディア（小説や映画など）で表現されることによって生まれる違いを考察する。		劇の練習において，感情的にもっとも高ぶった場面について記録をつける。

出典：*Workbook*, p.157 をもとに筆者作成。

「理解の6側面」すべてを発達させる要求自体にもウィギンズらの意図が読みとれる。ある側面を習得したら，次の側面に移るといったような階層性は想定されず，6側面は，基本的には並置され，横並びのものとして扱われている。階層性をもつブルーム・タキソノミーからの転換が図られているのである。ただし，6側面すべてがバラバラなベクトルをもつわけではない。「説明」と「解釈」，「パースペクティブ」と「共感」，「応用」と「自己認識」はそれぞれに対応関係をもつ。

「説明」と「解釈」は，「理解」を支える理論をめぐって対照的である。「説明」は，体系的かつ一般的であることが求められ，究極的には，ただ1つの理論が追求される。一方で，「解釈」は，個人的・社会的な文脈に左右されるため，場合によっては，解釈する人の数だけ依拠される理論も異なることになる。

同じように，「パースペクティブ」と「共感」にも対照性が見られる。どちらも視点を自分自身から切り離す点は共通している。しかし，「パースペクティブ」が，物事を冷静かつ無私の観点から眺める能力であり，自分自身を切り離したうえで自分自身をも適切に位置づけることが求められる能力であるのに対して，「共感」は，他者の応答と反応を理解するために，自ら

の応答と反応を自分自身から切り離して他者に入り込む能力である。

「応用」は、獲得した知識を文脈に応じて機転を利かせながら活用させる能力であり、いわば「転移」に直結する能力である。一方で、「自己認識」は、子どもたちに盲点や見落としに気づかせて、自分たちが何を理解し何を理解していないかという視点を提供する能力である。「自己認識」を通じて他の側面の状況さえも把握できるようになるため、「転移」を根本から支える能力となる。

これらの特徴を整理すれば、「解釈」、「共感」、「応用」という、主観的な色合いが濃いホットな心情を拠り所にする能力と、「説明」、「パースペクティブ」、「自己認識」という、客観性を重視してクールに状況を分析する能力が相互補完的に支え合う6側面の関係性が見えてくる。ただし、先に述べたように、ウィギンズらは、そこに階層性を想定していない。熟達者のふるまいに見られるように、これらの6側面すべてがまんべんなく自然な形で使いこなされるようになることが理想とされ、子どもたちの立場に立てば、主客両方の視点から「看破」し「理解」へと至ることが期待されているのである。

4 おわりに

最後に、「転移」という概念について若干補足しておこう。ウィギンズらも指摘するように、学校教育という限られた時間・資源のなかで、教えるべきすべてのことを教室内で子どもたちに伝えることは到底不可能である。そういう意味では、教育という営み自体、「転移」させることを暗黙の前提にしているのである。

そのため、教育学や心理学の世界では、いかにして「転移」を生じさせるのか、古くは形式陶冶と実質陶冶の問題として、活発に議論されてきた。近年では、奈須正裕が、全国学力・学習状況調査での、平行四辺形の面積を単純に求めるA問題と、地図のなかに埋め込まれた同じ平行四辺形の面積を求めるB問題の正答率の落差（A問題の正答率が96%であるのに対して、B問題の正答率が18%）に着目して、公式を覚えること（「何を知っているか」）が公式を活用すること（「どのような問題解決を成し遂げるか」）の十分条件ではないこと、ひいては学習の「転移」が簡単には生じないことを指摘している[1]。

本節で見てきたように、ウィギンズらもまた「理解」を通じて、子どもたちに「転移」を生じさせる必要性を説いている。ただし、『UbD訳本』を「事実」として受け止め、「重大な観念」や「理解の6側面」を用いることが「転移」への近道になると期待することは、ウィギンズらの意に反するだろう。むしろ、同書自体も「看破」し、私たち自身が「理解」へとたどりつくこと、そして、私たち自身が「転移」を生じさせることが、読者である私たちには求められているのではないだろうか。その道の先にこそ、子どもたちの「転移」ももたらされるだろう。

---

1) 奈須正裕「学習理論から見たコンピテンシー・ベイスの学力論」奈須正裕・久野弘幸・齊藤一弥編著『知識基盤社会を生き抜く子どもを育てる』ぎょうせい、2014年。

Q 「重大な観念」は「理解」に対してどのような役割を担っているのですか？

A 「重大な観念」は，子どもたちが「看破」するための切り口としての役割を果たします。たとえば，ウィギンズらが「重大な観念」として挙げる「平和のための争い」はわかりやすい例の1つです。

　子どもたちは，平和イコール良いものと思い込んでいるかもしれません。しかし，国内外の歴史を見ても，現実社会を見渡しても，平和をめぐる争いが至るところで繰り広げられています。平和について，子どもたちは表面的に理解しているだけかもしれないということです。こうした子どもたちの思い込みや先入観に対して，「平和のための争い」という，一見子どもたちの目には矛盾して見える切り口から問いを投げかけることで，争いの背後にある複雑な事情や争いが生じた文脈に気づかせることが可能になります。「重大な観念」によって，表面的な理解を「看破」するきっかけをつくり出すことができるのです。

Q 「重大な観念」はどうやって見つけることができますか？

A 「重大な観念」を幅広く柔軟に受け入れることが肝心です。ウィギンズらは，「重大な観念」を教科固有のものというよりは，どの教科にも適用できる汎教科的なものととらえています。ウィギンズらが提示する「重大な観念」の典型例のなかの「万一のための貯金」について考えてみましょう。

　この例は，一見すると，社会科の公民的分野のみに当てはまるように思えるかもしれません。しかし，この例のエッセンスは不測の事態への備えという点にあります。この点に着目すれば，理科における細胞や器官の機能，体育科における戦術・戦略などにも当てはめて考える

ことが可能になるでしょう。まずは，典型例を眺めてみて，そこからエッセンスを取り出し，どういった科目・分野に適用可能かどうかを考えることで，その科目・分野に応じた「重大な観念」を見つけることができるのです。

Q 教科によって「転移」のしやすさは変わりますか？

A 一見，教科によって「転移」のしやすさが変わるように思えるかもしれません。たとえば，各単元が独立して見える体育科や音楽科に比べて，単元間の関連が見いだしやすい数学・算数科や社会科では，学期や学年を越えて，単元間の関連づけを行うことが容易に感じるかもしれません。しかし，注意が必要なのは，関連する内容や同じような内容を学んだからといって，これまでの学びを「転移」させることが容易ではないということです。「転移」を生じさせるためには，単元内容の類似性や近接性に関係なく，教師の意識的な働きかけが不可欠となります。

　「転移」を促すためには，「トピックごとの理解」と「包括的な理解」を設定することも助けになるでしょう。次節で論じられる「本質的な問い」と同様に，ウィギンズらは「理解」を「トピックごとの理解」と「包括的な理解」に区別します。教育目標を設定する際には，一方に偏ることがないように，どちらの「理解」にも目を配る必要があります。「トピックごとの理解」のみを教育目標として設定すれば，他の単元や領域とのつながりが弱くなり，反対に，「包括的な理解」のみを設定すれば，その単元で押さえるべき知識やスキルが不明確になります。「トピックごとの理解」と「包括的な理解」を明確に区別し，1つの単元のなかで，どちらも設定するよう努めることで，「理解」を軸とする一貫した単元設計を行うことが可能になります。

「本質的な問い」とは何か——その問いは本質的か

徳島祐彌

「最良の問いは，物事の中心——本質——へと私たちを突き動かす」（『UbD 訳本』p. 130）

1 はじめに

「自分が伝えたいことを表現するためには，どうすればいいのだろうか？」（国語科）

「日本と外国はどのように関わり合っているのだろうか？」（社会科）

「身の回りにあるさまざまな量は，どのように表し，測定・計算すればよいのだろうか？」（算数・数学科）

「生物は，どのように生命をつないでいるのだろうか？」（理科）[1]

「本質的な問い」とは，文字どおり，ものごと（教科や単元）の「本質」を突くような問いである。では，どうやって「本質的な問い」と「本質的ではない問い」を見分けるのか。「本質的な問い」はカリキュラム設計にとって何の役に立つのか。また，授業の発問を考えることと，「本質的な問い」を考えることは何が違うのか。本節では，これらの問いを扱うことによって，「本質的な問い」の概要をつかむとともに，「本質的な問い」を用いる良さを見ていこう。

2 「『本質的な』問い」とは何か

（1）「理解」のための「本質的な問い」

「逆向き設計」の目的は，事実を暗記させることではなく，子どもたちの「看破」を促し，「理解」をもたらすことにある（本章第2節を参照）。たとえば，「液体の水が消えたときには水蒸気に変わっており，空気が冷やされると液体とし

て再び現れる」と理科の単元中ずっとノートに書いて覚えさせれば，期末テストで「水と水蒸気の関係について 50 字以内で答えなさい」と問われて全員が空欄を埋める。しかし，子どもたちはほとんど何も理解していない。「理解する」ためには，子どもたち自身が「水の状態変化」を掘り下げなければならない。

では，どのようにして事実の暗記ではなく「理解」をもたらすのか。ウィギンズらは「生徒が理解を深めるのは，刺激的な問いによって，内容を能動的に『尋問する』プロセスを通してである」とする（『UbD 訳本』p. 129 を参照）。「理解」を深めるために，「問い」が必要だというのである。たとえば，「水にはどんな性質があるのか？」といった問いをもって，水の蒸発や温度の変化などの内容を追究したとき，ふと殻が破れて「水ってこういうものか」と「理解」が深まっていくのである。

ここでいう「理解」を深めるための刺激的な問いが「本質的な問い」である。ウィギンズらは「本質的な問い」を「教科やカリキュラムの中心にあり，教科の探究と看破を促進する問い」（『UbD 訳本』p. 409，括弧内は省略）と定義している。「本質的な問い」は，教科や単元の中心に位置づくものであり，子どもたちの話し合いや振り返り，問題解決，研究，論争といった探究を促すものである。

ここで，「本質的な問い」によって内容を能動的に「尋問する」（内容に問いかける）のは，子どもたち自身でなければならないことを確認

しておこう。教師が子どもたちに「本質的な問い」を「問いかける」ことではなく，子どもたちが自ら「問いかける」ことが重要なのである。まずは，「理解」のために「本質的な問い」の設定が重要であることと，「本質的な問い」を問うのは子どもたち自身であることを押さえておこう。

（2）「本質的な問い」がもつ特徴

では，どのような問いが「本質的な問い」となるのだろうか。この点を考えるために，表1-3-1の「本質的ではない問い」との対比を見ながら考えてみよう。それぞれの問いにどのような特徴を見つけられるだろうか。

まずは，「本質的ではない問い」の例から見てみよう。まず，「『ももたろう』の主人公はだれか？」について，答えは「ももたろう」である。次に「西南戦争が起きたのは西暦何年か？」について，答えは「1877年」である。このように，「本質的ではない問い」は，簡単に一つの正解を答えることのできる問いである。

次に「本質的な問い」について，「絵や彫刻は，私たちの生活や社会に何をもたらすのか？」を例に考えてみよう。この問いは，すぐに「〜をもたらす」と答えを出すのが難しい。答えを出

すためには，さまざまな絵や彫刻の作品を知るだけでなく，それぞれの時代や地域ごとの作品の特徴を調べる必要がある。また，調べたことをふまえて，自分なりに説明を組み立てなければならない。このように，「本質的な問い」は一朝一夕に答えることのできない問いである。ウィギンズらが挙げる「本質的な問い」の特徴を簡略化すると，次の6点となる[2]。

・単純な「正しい」答えがない。
・子どもたちの探究を引き起こし，継続させる。
・学問の概念的・哲学的な基礎を扱う。
・他の重要な問いを呼び起こす。
・時間を超えて，繰り返し問い直される。
・「重大な観念」，仮定，前の授業内容について，活発な再考を促す。

このように，単純な答えのない「本質的な問い」は，子どもたちの探究を促し，さらなる問いを生み出すものである。また，一度答えたつもりでも，何度も繰り返し問われるものである。そして，知っているつもりの知識や，ものの「見方・考え方」，「重大な観念」（本章第2節を参照）を問い直すように促すものである。

「本質的な問い」は，「電気とは何か？」とい

表1-3-1　「本質的な問い」と「本質的ではない問い」の対比

「本質的な問い」	「本質的ではない問い」
○語り手のものの見方，考え方を相対化するにはどうすればよいのか？	●「ももたろう」の主人公はだれか？
○戦争は社会にどのような影響を与えるのか？	●西南戦争が起きたのは西暦何年か？
○標本調査を行うことで何がいえるのか？	●コインを1回投げたときに，表が出る確率はいくらか？
○絵や彫刻は，私たちの生活や社会に何をもたらすのか？	●絵の具で紫色を作るにはどうすればよいか？

出典：McTighe, J. & Wiggins, G., *Essential Questions: Opening Doors to Student Understanding*（以下，*Essential Questions* と記す），Alexandria VA: ASCD, 2013, pp. 1-16 および西岡加名恵・石井英真編著『教科の「深い学び」を実現するパフォーマンス評価――「見方・考え方」をどう育てるか』日本標準，2019年の各教科（八田幸恵「国語科」，石井英真「算数・数学科」，小山英恵「美術科」）の「本質的な問い」の例などを参照しつつ，筆者が作成した。なお，全体的に筆者がアレンジしており，新たに考えた例もある。

う概念を問うものや，「数学的な表現の限界は何か？」という手法の意義を問うもの，「動きによって，どのように感情を伝えることができるのか？」というダンスの意味を問うものなど，教科や単元の中核を突く問いである。また，「本質的な問い」は教科の枠を超えた広がりをもつ問いである（『UbD 訳本』pp. 137 - 143）。

（3）形式を超えた「本質」へ

そうすると，「本質的な問い」には特定の形があるようにも思えてくる。なるほど，何かしらの重要なこと（物語，生物の仕組み，量の測定，芸術的な表現など）について，「…とは何か？」や「どうすればうまく…をできるのか？」の形にすればうまくいきそうだ。しかし，ここで一旦立ち止まる必要がある。

表1 - 3 - 2に示す，3つの場面で用いられる「パターンは何か？」という問いを考えてみよう。①の場合，教師は「2を足す」というパターンを見つけさせ，10と答えさせようとしている。②の場合は，グラフを見て2つの変数が一次関数になることを発見させようとしている。③の場合には，データをもとにエイズに関するパターンを見つけ出し，解釈をクラスで話し合うような問いかけとなっている。

これらの例からわかることは，「パターンは何か？」という同じ問いが，どのような答えを想定し，どの教材のもとで用いられるかによって，まったく異なる思考を引き出すということである。①の単純な「10」を答えさせる場面と，③のエイズのデータについての解釈を求める場面は，想定している「理解」も，教師が用意している課題も違う。もちろん，①の問い方が良くないということではない。問題は，問いの形（言葉）をつくっただけでは，「本質」を突く問いとはならないということである。

ウィギンズらは，「どんな問いであれ，本来的に，本質的（あるいは瑣末，複雑，重要）であるということはない」（『UbD 訳本』p. 133）とし，「その問いが最終的に本質的なものとなるかどうかを決めるためには，常により大きな文脈——私たちが構想している学習課題，評価方法，引き続く問い——を考える必要がある」（『UbD 訳本』p. 135）とする。つまり，ある問いが「本質的」なのではなく，その問いが問われている状況こそが，問いを「本質的」にするのである。表1 - 3 - 1の「本質的ではない問い」もまた，実は問いの言葉や形だけでは判断できないものである（たとえば，「『○○』の主人公はだれか？」という問いの形も，「夏目漱石『こころ』の主人公はだれか？」とすれば，『こころ』を読むための重要な問いとなるかもしれない）。

表1 - 3 - 2 「パターンは何か？」という問いの3つの授業場面

①　小学校2年生の先生が，「みなさん，2，4，6，8，＿を見てください。次に何が来ますか？　パターンは何ですか？」と聞く。この場合，問いは特定の答え（10）に向かっている。
②　代数Ⅰを担当する数学の先生が，生徒にデータを見せ，グラフに2つの変数（x, y）の点を書き込むように指示する。「何に気づきましたか？　パターンは何ですか？」と問う。この場合，先生はすべてのデータについて，直線の関係（一次関数）をわかるように生徒を指導している。
③　理科の先生が，15年にわたるエイズ関連の出来事のデータ表を，年齢別，性別，地域別，社会経済の地位別に示した。そして，「パターンは何ですか？」という問いを生徒に投げかける。その先生は，型通りの答えではなく，注意深いデータの分析，データについての推論，生徒たちの活発な話し合いを引き起こすつもりである。

出典：*Essential Questions*, p. 8 をもとに，筆者が加除修正をして作成。

ここまで，子どもたちにもってほしい「本質的な問い」が重要であること，しかし問いだけでは「本質的」とはならないことを見てきた。では次に，「本質的な問い」を使ってどのようにカリキュラムを設計するのかを見ていこう。

3 「本質的な問い」によるカリキュラム設計

（1）「理解」と「本質的な問い」の対応

「パターンは何か？」の例に見られるように，問いに対して教師が意図している答えによって，問いの効果はまったく異なってくる。そのため，まずはその問いでどのような「理解」をめざすのかを考える必要がある。ウィギンズらは，「理解」から「本質的な問い」を考える方法も示している（巻末資料のワークシート④を参照）。

「理解」と「本質的な問い」との対応の例として，中学校の外国語科における「会話のなかで相手の話を聞くこと」を扱う単元を考えてみよう[3]。この単元でめざす「本質的な問い」の一例として，「会話において，話し手の意図や話の概要を聞き取り，それに応じられるようにするにはどうすればよいのか？」という問いを設定することができるだろう。この「本質的な問い」に対応する「理解」として，「会話においては，強調されたキーワードに注意するだけでなく，不明確な内容があれば聞き返したり，確認したりするとよい」ことが考えられる。

「本質的な問い」と「理解」を対応させるときに，問いが大きすぎると学習活動の焦点がぼやけてしまう。たとえば，上記の「会話のなかで相手の話を聞くこと」の「理解」に対して，「外国語で話されていることをどのように聞けばよいのか？」という「本質的な問い」を設定したとしよう。この問いは「理解」の中身に対応していない。なぜなら，「外国語で話されていること」には目の前の相手の話だけでなく，テレ

ビや講演なども含まれ，その場合には聞き返すことや確認することはできないからである。「理解」に対して「本質的な問い」が抽象的すぎると，子どもたちの思考が内容から離れた一般論に向かってしまうかもしれないのである。

「本質的な問い」は，「理解」と対応させるだけでは不十分である。それに加えて，子どもたちが自ら「本質的な問い」を追究し，「理解」を深めるためのパフォーマンス課題（本章第4節を参照）を設定することが重要である。

（2）包括的な「本質的な問い」とトピックごとの「本質的な問い」

上記では，「理解」と「本質的な問い」を対応させるということを述べた。しかしこれは，単元の内容に応じて多種多様な「本質的な問い」の設定を求めているということではない。ポイントは，一つの単元で完結するものから教科を横断するものまで，「本質的な問い」の範囲をそれぞれ区別して考えるということである。

ウィギンズらは，「本質的な問い」を「包括的な『本質的な問い』」と「トピックごとの『本質的な問い』」に区別している（『UbD 訳本』p.137）。「包括的な『本質的な問い』」は，教科や単元を超えた広がりをもつ問いである。それに対して「トピックごとの『本質的な問い』」は，特定の単元の「理解」へと導く問いである。

次ページの表1-3-3は「包括的な『本質的な問い』」と「トピックごと（単元ごと）の『本質的な問い』」の一例である。理科の「エネルギー」では，「エネルギーによって生じる変化や現象は，どのように説明できるだろうか？」という教科の問いが考えられ，「ものが燃える現象は，どのように説明できるだろうか？」という単元「ものの燃え方」の問いが考えられる。他の単元でも同様に「単元ごとの『本質的な問い』」を設定することで，教科を通して「包括

表1-3-3　包括的な「本質的な問い」と単元ごとの「本質的な問い」の例（小学校）

教科	包括的な「本質的な問い」	単元ごとの「本質的な問い」
社会科「地理的環境と人々の生活」	諸地域の特色と問題は何だろうか？　なぜその特色と問題がその地域に見られるのだろうか？	単元「県内の特色ある地域の様子」（4年生）身近な地域では，どのようにして特産品と呼ばれるような農作物や工業製品が生み出されるのだろうか？
理科「エネルギー」	エネルギーによって生じる変化や現象は，どのように説明できるだろうか？	単元「ものの燃え方」（6年生）ものが燃える現象は，どのように説明できるだろうか？

出典：西岡・石井，前掲書，p.45，p.74（鋒山泰弘・次橋秀樹「社会科」および大貫守「理科」）より一部抜粋し，加除修正をして作成。なお，同書で「領域の『本質的な問い』」とされているものを「包括的な『本質的な問い』」としている。

的な『本質的な問い』」を追究することができる。

「包括的な『本質的な問い』」と「トピックごとの『本質的な問い』」について，ウィギンズらは「最良の単元はそのように関連し合う問いの組み合わせにもとづいて組み立てられる」（『UbD訳本』p.137）という。各教科のそれぞれの単元において，「トピックごとの『本質的な問い』」はいくつか考えることができるだろう。しかしながら，必ずしも「トピックごとの『本質的な問い』」すべてが，その教科や領域を通して探究させたい「包括的な『本質的な問い』」につながるわけではない。そのため，それぞれの単元の先にある「包括的な『本質的な問い』」を想定して，単元ごとの「本質的な問い」を設定することが大切となる。

範囲に応じた問いを考えることで，最終的にはカリキュラム全体を「本質的な問い」で構造化することができる（本章第6節を参照）。「本質的な問い」は，学校全体のカリキュラムと各単元をつなぐ骨子ともなるのである。

（3）「本質的な問い」と授業の発問

「本質的な問い」は「理解」をもたらすために重要である。しかし，「本質的な問い」を授業で投げかけたからといって，その問いが子どもたちにとって刺激的な問いとはならないことも多い。では，実際の指導の計画において，ど

のように「本質的な問い」を用いればよいのだろうか。実は，この点を考えることで「本質的な問い」の重要な性質が見えてくる。

ここで，表1-3-4に示す「問いの4つのタイプ」を見てみよう。「とっかかりの問い」とは，子どもたちの好奇心を刺激し，新しい話題に興味をもたせるための問いである。「先導する問い」とは正解をもち，習ったことを思い出させたり，情報を見つけさせたりするために用いられる問いである。「手引きとなる問い」は，単に情報を見つけさせるだけでなく，特定の内容を探究させるための問いである。これらの3つの問いは，「本質的な問い」ではないものの，実際の指導場面で役に立つ問いである。

表1-3-4は，実際の指導の計画において，引き出したい思考や活動に応じて問いを使い分けることの大切さを教えてくれる。ウィギンズらは，「本質的な問いは，単元の開始時に投げかけられることもあれば，焦点のはっきりとした問題解決，指導，その他の学習活動に続く後の時点で自然に起こってくるよう巧みに計画されることもある」（『UbD訳本』p.241）という。「本質的な問い」をいつ投げかけるか（あるいは自然に湧き起こるようにするか）は，多様な問いの使い方とともに計画する必要がある。

「本質的な問い」を考えるのは「求められている結果を明確にする」第1段階の仕事であり，

表1-3-4　教室で使われる問いの4つのタイプの例

内容 トピック	とっかかりの 問い	先導する問い	手引きとなる 問い	「本質的な問い」
食生活 「栄養」	あなたが食べるもの は，ニキビ予防に役 立ちますか？	どの種類の食べ物 が，食品群の4群 に含まれるのでしょ うか？	バランスの取れた食 事とはどんなもので しょうか？	私たちは何を食べるべきで しょうか？
音楽 「音階」	あなたがいつも聴い ている曲は，あなた の家族も好きです か？	ハ長調の旋律とはど のようなものでしょ うか？	なぜ作曲家は短音階 と対照的に長音階を 使うのでしょうか？	音楽を「雑音」から区別する ものは何でしょうか？ （たとえば，文化や年齢など） 何が音楽の好みに影響するの でしょうか？

出典：*Essential Questions*, p.13より一部抜粋し，筆者が加除修正をして作成。

その問いをどう追究させるかを考えるのは「学習経験と指導を計画する」第3段階の仕事である（『UbD 訳本』p.132, p.150を参照）。だから「本質的な問い」を考える時点では，「この問いはみんなにとって本質的だ」と教師がわかっていれば十分である。他方で，「本質的な問い」を実際に子どもたちに追究させるためには，パフォーマンス課題を用い，その「本質的な問い」を問う場面を設計することが重要である。また，「本質的な問い」を子どもたちのものにするためには，問いを子どもたちの言葉で言い換えたり，単元をとおして問いを繰り返し意識させたり，表1-3-4の問いを組み合わせたりする必要があるだろう。

　最後に，「本質的な問い」が第1段階にあることをもう一度確認しておこう。これは，子どもたちが問いをもつこと自体が目標であることを意味している。「本質的な問い」には最終的な答えがない——「今は～と理解しています」と答えられるだけである。人は「本質的な問い」を問い続けなければならない。だから，「『真剣にその［本質的な］問いを追跡すること』こそが，求められている結果である」（『UbD 訳本』p.70，［　］内は筆者）とされているのだ。深い「理解」をもたらすことと並んで，子どもたち

を問い続ける人にすることもまた，教育の目的なのである。

<h2>4 おわりに――「本質的な問い」を見いだすために</h2>

　教材づくりの方法に「疑問文集づくり」というものがある[4]。これは，自分の関心があり，子どもたちに教えたいと思うテーマ（たとえば「日本の酒造りの歴史」）を決め，そのテーマに関する文献を集め，できる限り文献を読み進め，そこで得られた新たな発見や生じた問いを疑問文（たとえば「酒造業は安定した企業であったか」，「酒の甘口と辛口の成分は何が違うか」）の形で積み重ね，授業や教材に生かすという方法である。この「疑問文集づくり」は，発問づくりにもなるが，①教材を作る側の頭を柔らかくする，②教育内容（何を教えるべきか）の問い直しになる，③疑問文を中心にした単元を組み立てることができるという良さがある。

　本節で見てきた「本質的な問い」もまた，このような教材研究のなかから生まれてくるものであろう。「本質的な問い」の設定は，授業を活性化するための発問づくりとは異なり，その教科や単元の目的（めざす子どもの姿）を考え

ることなのである。また，たとえば「縄文時代・弥生時代」という時期区分を基にした単元を，「日本人はどこからきたのか？」という問いを柱とした単元に組み替えるように，単元展開そのものをつくり替えることにもなる[5]。教師のもっている教科観や単元構成の型を問い直すための装置として，「本質的な問い」はカリキュラム設計の重要な位置を占めているのである。

1)西岡加名恵・石井英真編著『教科の「深い学び」を実

現するパフォーマンス評価——「見方・考え方」をどう育てるか』（日本標準，2019 年）の各教科の例（八田幸恵「国語科」，鉢山泰弘・次橋秀樹「社会科」，石井英真「算数・数学科」，大貫守「理科」）から一部抜粋し，加除修正をして作成した。
2)McTighe, J. & Wiggins, G., *Understanding by Design: Professional Development Workbook*（以下，*Workbook*と記す），Alexandria, VA: ASCD, 2004, p. 91 より簡略化して筆者作成。
3)西岡・石井，前掲書，p. 146（赤沢真世・福嶋祐貴「外国語活動・外国語科」）の福嶋氏作成の表を参照。
4)藤岡信勝『教材づくりの発想』日本書籍，1991 年，pp. 16‐29。ここでは，学生や若い教師を念頭に置いた提案がなされている。
5)ここでの例は，同上書，p. 28 を参照。

パフォーマンス課題づくりのワークショップ

パフォーマンス課題づくりは，基本的に 1 人で行うことができます。ですが，パフォーマンス課題づくりをほかの先生と一緒に行うことは，「逆向き設計」についての新たな発見を得たり，理解を深めたりする良い機会となります。

パフォーマンス課題づくりのワークショップは，次の 5 つの手順で進めることができます。(1)お互いに相談しやすいように，同じ教科の先生など，何人かのグループになります。(2) 各自で，パフォーマンス課題をつくりたい教科と単元を選びます。(3) 巻末資料のワークシート②を使って，選んだ単元の「本質的な問い」と「永続的理解」を考えます。(4) パフォーマンス課題のシナリオを考えます。このときに，「問い」と「理解」と「課題」が対応するようにします。場合によっては，「本質的な問い」と「永続的理解」を考え直すこともあります。(5) 適宜，ほかの先生方と相談したり，考えた課題について

吟味し合ったりして，パフォーマンス課題を練り上げます。

ここで，筆者の経験をもとに，パフォーマンス課題づくりのワークショップの留意点を 2 つ挙げておきます。1 つめは，（他学年，他教科を含めた）ほかの単元の内容と関わりのある単元や，それなりに厚みのある単元を選んでもらうことです。学習の広がりや深まりが見えにくかったり，扱う知識やスキル自体が少なかったりすると，学んだことを使いこなす場面（パフォーマンス課題）をイメージするのが難しい場合があります。2 つめは，他教科や他学年を担当する先生方と共に，つくったパフォーマンス課題について話し合う時間を設けることです。その教科を専門としない先生や，他学年の子どもたちを見ている先生からは，「説明だけでなく絵も描いてもらうのはどう？」や「この課題は次の学年でも応用できそう！」など，自分の視野を広げるような意見をもらうことができます。

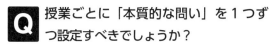

③「本質的な問い」の考え方 ……………………………………………………

Q 授業ごとに「本質的な問い」を1つずつ設定すべきでしょうか？

A「本質的な問い」は，授業ごとに設定するものではなく，内容や期間をふまえて単元ごとに1〜3個ほど設定するのがよいでしょう。

　1つの正解をもたない「本質的な問い」の追究には，長い期間の学習が必要です。だから「本質的な問い」は，たとえば本時の「めあて」と「まとめ」のような形で，授業ごとに問いと答えが示されるようなものではありません。「直角三角形の面積の求め方を考えよう」といった学習の「めあて」は，1時間の授業で答え（公式）が導き出されるような問いであり，長期的に追究する「本質的な問い」ではありません。

　言い換えると，各授業のメインの学習活動を示す問いかけ（主発問）は，「本質的な問い」の追究につながるように計画することが大切です。主発問を網羅的に用いるのではなく，「『直角三角形の面積の求め方を考えよう』は単元『面積』の『本質的な問い』の追究にどうつながるのか？」と考えることが大切です。

Q たし算の筆算やとび箱のとび方など，「技能」が重要な単元の場合には，どのように「本質的な問い」を考えればよいでしょうか？

A ウィギンズらは，表1-3-5のように，技能の「本質的な問い」を考える視点を4つ示しています（『UbD訳本』p.136）。1つめは「カギとなる概念」であり，技能の基礎にある物理的な法則などを問う視点です。2つめは「目的，価値」であり，その技能がなぜ重要なのかを問う視点です。3つめは「方略，方策」であり，どうやってうまく技能を行うかを問う視点です。4つめは「文脈」であり，その技能がいつ重要になるかを問う視点です。このように，技能の重要性や必要となる場面を問うことで「本

表1-3-5　技能の「本質的な問い」の視点
（例は野球などの「バッティング」）

カギとなる概念：効果的に技能を行う際の基礎となる「重大な観念」は何か？ 例：「体をひねること（回転の力）」は，どのようにして打つことに応用できるのか？
目的，価値：なぜその技能は重要なのか？ 例：なぜボールを打った後の腕を振りぬく動作が重要なのか？
方略，方策：熟練したパフォーマーはどのような方略を用いているか？　どのようにすれば，技能のパフォーマンスはより効率的・効果的になるのか？ 例：どうすればフォームを崩さずに最大の力で打つことができるのか？
文脈：その技能や方略をいつ使うべきか？ 例：スポーツのどのような場面で，腕を振りぬくことが大切になるのか？

出典：*Workbook*, p.104をふまえつつ，加除修正をして筆者作成。

質的な問い」をつくることができます。

　ただし，すべての技能で「本質的な問い」を考える必要はないでしょう。たとえば，筆算の技能について，たしかに「どうすれば効率的に筆算ができるのか？」と問いをつくることもできます。しかし，算数科でめざす「理解」や，筆算を扱う単元でめざす「理解」に照らしたときに，この問いはあまり重要ではないかもしれません。そのときは，他の「本質的な問い」を問う単元の基礎的な技能として，筆算の技能を扱うほうがよいでしょう。

パフォーマンス課題とルーブリック
―― 「逆向き設計」の第2段階へ

徳島祐彌

「バスケットボールの選手は際限なくフリースローを行うという骨折り仕事に耐え，フルート奏者は音階練習の単調さに耐える――両者は真正の達成を夢見ているのである」（『UbD 訳本』p. 187）

1 はじめに

　スポーツや演奏を練習する場面は，ウィギンズらが評価を語るときに好んで用いるアナロジーである。なぜなら，スポーツや演奏では当たり前に行われていることが，各教科の指導と評価ではいっさい行われていないことがよくあるからである。ウィギンズらの評価の考え方は，とくにスポーツの「試合」と「審判」の場面をイメージすることで理解しやすくなる。

　「逆向き設計」の第2段階は，「承認できる証拠を決定する」段階である（本章第1節を参照）。この段階では，第1段階で設定する「求められている結果」（「永続的理解」や「本質的な問い」）に即して，子どもたちがそれらを身につけたことを確かめるための評価方法を決める。この第2段階の核心は，「パフォーマンス課題」という評価課題と，「ルーブリック」という評価の規準・基準を作成することにある。

　本節では，これらのパフォーマンス課題とルーブリックについて解説する[1]。それぞれ(1) 基本的な考え方，(2) 具体例，(3) つくり方の3項で構成されている。なお，本節では「何をどのような観点で評価するか」という観点を指すものとして「規準」，「どの程度できれば合格レベルなのか」という到達の度合いを指すものとして「基準」という用語を用いる（巻末の「用語解説」を参照）。

2 パフォーマンス課題の考え方・つくり方

（1）評価課題の基本的な考え方

　評価課題を考えるにあたって，まずはあるスポーツの一場面（ウィギンズの挙げている例をもとに筆者作成）を考えてみよう。

> 想像してみよう。中学校のバスケットボール部の県大会にて，プロの選手がプレーするバスケットボールのゲームのようではなく，一人ひとりのドリブル走のタイムとシュート成功数で生徒が優勝を競い合っている様子を[2]。

　この描写は，ありふれたものだろうか。バスケットボール部に入っている息子の試合の応援に行ったら，名前を呼ばれた選手が順にドリブル走をしていて，審判は正確なタイム計測に神経をとがらせていた――このような大会はイメージするのも難しいだろう。

　この場面を，「分数」を扱う算数の単元に置き換えてみよう。単元の最後に，できるだけ早く分数の計算問題を解かせる。あるいは，手順を正しく踏めば解けるような分数の文章題を課す。それらのテストの結果をもって「分数」の学力を評価する。こちらの方はイメージしやすいかもしれない。先の例と共通しているのは，基礎的な知識や技能を見るテストを，山場の評価課題としていることである。

　「逆向き設計」は，事実の暗記ではなく深い「理解」に至ることを目的としている（本章第2節を参照）。ウィギンズらは，「ゴールが深い理

解であるならば，ゴールが達成されたかどうかを決定するために，私たちはより複雑なパフォーマンスに依拠する」（『UbD 訳本』p.202）という。つまり，複雑なパフォーマンスを要求する課題に取り組むなかで，子どもの「理解」は現れてくるということである。その評価課題は，先の例のように「妨害されていないゴールに単にシュートを打ったり，明らかなやり方や事実を単にあてはめたりするだけでは，十分ではない」（『UbD 訳本』p.188）のである。

　では，「理解」を示す複雑なパフォーマンスとは何か。ウィギンズらは，そのパフォーマンスを見る課題は「バスケットボールの試合を行うようなものでなくてはならない」（『UbD 訳本』p.188）という。これが「大人が直面しているような論点と問題を反映する，複雑な挑戦」（『UbD 訳本』p.185）とされる「パフォーマンス課題」の典型的なイメージである。試合をする場面と同じく，現実に大人が出会うような問題解決の場面を与え，そこでのパフォーマンスを見ることによって「理解」は評価される。

　急いで断っておくと，ウィギンズらはドリブルの練習課題や分数の計算問題が不必要であると言っているのではない。図1-4-1を見てみよう。この図は，教える内容のレベルと，その評価方法を対応させることを示している。知識としてもっているだけでよいことは筆記テストなどで評価をし，「知る」プロセス自体が重要なことや「理解」についてはパフォーマンス課題を使うという区別をする。ウィギンズらは，パフォーマンス課題などの評価方法だけに頼り，テストを用いないこともまた誤りであるとしている（『UbD 訳本』p.201 を参照）。

　まずは，「生徒は理解を用いてパフォーマンスを行うという『試合』をしている」（『UbD 訳本』p.21）ととらえ，「理解」を試す場面を設定するという発想を押さえておこう。シュー

図1-4-1　カリキュラム上の優先事項と評価方法

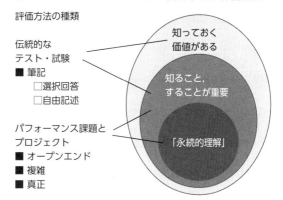

評価方法の種類

伝統的な
テスト・試験
■ 筆記
　□選択回答
　□自由記述

パフォーマンス課題と
プロジェクト
■ オープンエンド
■ 複雑
■ 真正

知っておく
価値がある

知ること，
することが重要

「永続的理解」

出典：Wiggins, G. & McTighe, J., *Understanding by Design*, Alexandria, VA: ASCD, 1998, p.15より一部修正して引用。『UbD 訳本』p.202 も参照。なお，この図1-4-1と第1節の図1-1-2の『知の構造』と評価方法・評価基準の対応」はおおよそ対応している。ただし，この図1-4-1のコアの部分が，図1-1-2では構造の上側にある（両方の図における「永続的理解」の位置を参照）。

トのテストも，分数の計算問題も，「理解」を用いた「試合」をさせていないのである。

（2）パフォーマンス課題の具体例と条件

　では，具体的なパフォーマンス課題の例として，表1-4-1に示す地理・歴史の課題を見てみよう。この課題は，外国から京都に来る訪問者に対して，京都の地理や歴史をふまえて3日間の旅行計画を立てるというものである。子どもたちには，地理や歴史の授業で学んだ内容を

表1-4-1　パフォーマンス課題の例

> **外国から京都へ（歴史・地理，中学校レベル）**
> ９人の外国人生徒のグループが，国際交流プログラムの一環として２週間あなたの学校を訪問します（全員が日本語を話すことができます）。校長先生から，３日間の京都旅行の計画と予算を立てるように頼まれました。旅行計画は，京都が日本の歴史と発展にどのような影響を与えてきたのかについて，訪問者が理解できるようなものでなければなりません。あなたたちの課題は，それぞれの行先を選んだ理由を含めて，３日間の旅程の計画書を用意することです。旅行の地図と予算も含めて用意してください。

出典：『UbD 訳本』pp.191-192 を参照し，日本の場面にアレンジして筆者作成。

もとに，校長先生を納得させるような旅行の説明を組み立てることが求められている。このパフォーマンス課題は，旅行計画の作成を通して，日本史のなかで京都が果たした役割についての「理解」を見るような評価課題となっている。

表1-4-1のパフォーマンス課題は，単なる一問一答式のテストや運動技能のテストとは異なり，知識やスキルを使いこなすことを求める課題となっている。このような「理解」を見る評価課題は「真正の課題（真正のパフォーマンス課題）」と呼ばれている。「真正の課題」の条件は，表1-4-2のように示されている。真正の課題は，大人が仕事や生活のなかで出会う重要な挑戦をシミュレーションしたものである。また，教科書の暗記や決まった手順の繰り返しではなく，子どもたちに科学や歴史など教科の学問的な追究（教科「する」こと）を求めるものである。そして，子どもたちにとって現実的なものであり，判断や新しい発想，知識とスキルの活用を求めるような課題である。

このように，ドリル（ペーパーテスト）とは異なる「試合」（真正のパフォーマンス課題）を用いることで，子どもたちの「理解」を評価することができるようになる。

表1-4-2　真正の課題の条件

・現実的な場面が設定されている場合
・子どもたちに判断と革新を求める場合
・教えられたことを暗記したり再現したりするのではなく，教科の学問的な探究（教科「する」こと）を求める場合
・大人が仕事や生活において真に「試される」ような，困難な状況を模写している場合
・複雑な課題をうまく行うために，知識やスキルを効果的に用いることを求める場合
・パフォーマンスを上達させるための練習や練習試合，振り返りといった機会がある場合

出典：『UbD 訳本』pp. 184-186 をもとに簡略化して筆者作成。

（3）パフォーマンス課題のつくり方

では次に，パフォーマンス課題のつくり方を確認しておこう。パフォーマンス課題をつくるときには，表1-4-3に示す6つの要素を埋めながらつくるとよいとされている（『UbD 訳本』p. 190）。6つの要素とは，何がパフォーマンスの目的か，子どもたちはどんな役割をするか，対象となる相手はだれか，どんな状況か，何を作ったり演じたりするのか（完成作品），作品や実演はどんな規準・基準を満たす必要があるかである。この6つの要素は，それぞれの英語の頭文字を取って GRASPS と呼ばれている。

表1-4-3に即して，化学の「汚れを最も効果的に落とす洗剤を見分ける実験計画書を作成

表1-4-3　パフォーマンス課題の6要素

目的 (Goal)：あなたの課題は＿＿です。 例：綿織物についた3つの異なる種類の汚れを最も効果的に落とす洗剤を決めるための，実験の計画を立てること
役割 (Role)：あなたは＿＿です。 例：消費者調査グループの科学者
相手 (Audience)：対象となる相手は＿＿です。 例：雑誌『消費者調査』の検査部門
状況 (Situation)：あなたが直面している場面は＿＿です。 例：実験計画を立案し，検査部門の職員が実験できるように手続きを伝えること
完成作品，実演と意図 (Product, Performance, and Purpose)：あなたは＿＿するために，＿＿を作らなければなりません。 例：他の人に実験の手続きがわかるように，手順を順番に伝える計画書を作る
成功を評価するスタンダードと規準 (Standards and Criteria for Success)：あなたの作品（実演）は＿＿という規準・基準を満たす必要があります。 例：手続きの順序を簡潔かつ的確に示し，検査部門の職員がどの洗剤が最も効果的かわかること

出典：『UbD 訳本』pp. 190-191 を参照し，アレンジと加除修正をして筆者作成。

する」というパフォーマンス課題を考えてみよう。子どもたちは、消費者調査の科学者となって、汚れを効果的に落とす洗剤を決める実験を計画する。計画書は、実験の手続きが検査部門の職員にわかるように作られる必要がある。作った計画書は、説明の明瞭さと、よい洗剤がわかる実験かどうかという基準によって評価される。このように GRASPS の要素から課題を考えることで、より現実的な場面を設定することができるとともに、子どもたちに求めるパフォーマンスを明確にすることができる。

パフォーマンス課題をつくる際には、その課題を通して問わせたい「本質的な問い」と、子どもたちに至ってほしい「（永続的）理解」をあわせて設定することが重要である（本章第2節、第3節を参照）。パフォーマンス課題づくりは、ややもすれば、日常生活の場面やものづくりの活動を設定することのみが重視され、その単元の中核となる内容から外れた評価課題となってしまうことがある。そのため、つくったパフォーマンス課題がめざす成果と一貫しているか（評価課題の妥当性）を確認することが大切である（パフォーマンス課題のチェックリストについては、巻末資料のワークシート⑥を参照）。

3 ルーブリックの考え方・つくり方

（1）評価規準・基準の考え方

次に、試合（パフォーマンス課題）についての評価規準・基準を考えるにあたって、ふたたびスポーツの一場面を考えてみよう。

> 想像してみよう。飛込競技の大会にて、審判員が各選手の経歴や努力を重視し、演技ごとに規準・基準を変えている様子を。さらに、上手な飛込の構成要素について、審判員どうしの意見が全然合わないことを[3]。

最も飛込のうまかった最年少の選手に対して、ある審判員が「君は一番うまかったが、まだ若いから5位にしておく」と言う。飛込に失敗した選手に対して、別の審判員は「君の演技は失敗だが、いい挨拶だったので得点をあげた」と言う——先に見たバスケットボールの大会と同じように、このような大会もまた、イメージするのは難しいだろう。

この例を、歴史の課題で考えてみよう[4]。ある教師は、明治維新について自分の解釈を示すレポート課題を課した。そして、「5つ以上の資料を使っていること」と「レポート用紙4枚以上の長さであること」を質の高いレポートの規準・基準とした。さて、ある子どもが出したレポートは、資料の裏づけのある鋭い解釈を示していたが、資料を4つしか用いておらず、レポート用紙3枚で終わっていた。そのため、その子どもは「不十分」と評価された。

これらの例に共通していることは、熟達したパフォーマンスの質を見るための規準・基準が不的確であるため、何が最もよいパフォーマンスかをとらえ損ねていることである。ウィギンズらは「多くの教師は、パフォーマンスとその目的の中心にある規準ではなく、単に見えやすい規準に依拠するという間違いを犯してしまう」（『UbD 訳本』p.206）とする。たとえば、参考文献をたくさん並べているレポート、ウイットに富むスピーチ、色塗りがきれいな展示物に対して、見た目だけにとらわれて高得点を与えてしまうといった具合である。

では、この評価は何が問題なのだろうか。よいパフォーマンスの質について的確に推論しているかという問いは、規準・基準の妥当性の問いである。そして妥当性がなければ、教師の指導や子どもに返す情報（フィードバック）が的外れとなり、その後の学習の方向づけを見誤らせてしまうという問題が生じる。歴史のレポー

トを返却された子どもは，不必要だと判断した資料を仕方なく加え，各段落を1行ずつ増やして分量を膨らませるかもしれない。「理解」を深める指導と学習のためには，単にパフォーマンス課題をするだけではなく，妥当性の高い規準・基準で評価することが重要なのである。

ここで，子どものパフォーマンス（作品や実演など）を適切に評価するための採点指針（評価基準表）が必要となる。この採点指針が「ルーブリック」と呼ばれるものである。

（2）ルーブリックの具体例

ルーブリックは，子どものパフォーマンスの質をとらえるために用いられる。表1-4-4は，言語科において，選んだ読み物についての洞察や解釈を評価するためのルーブリックである。このルーブリックでは，読み物についての洞察（内容を適切に把握しているか）や自分の意見（文章をどう解釈するか）のレベルが説明されている。表1-4-4に見られるように，ルーブリックは「尺度」と「記述語」からできている。尺度とは，成功の度合いを数レベル程度で示したものであり，記述語とは各レベルのパフォーマンスの特徴を示したものである。

ルーブリックには，全体的ルーブリックと観点別ルーブリックがある（『UbD訳本』p.207）。全体的ルーブリックは，子どもの作品の全体的な印象をとらえるためのものである。観点別ルーブリックは，たとえば「小論文の書き方」を「アイデア」や「構成」，「文の流暢さ」といった視点に分けるように，分析的に作品を見るためのものである。ウィギンズらは，「私たちは理解の評価者に観点別ルーブリックを用いることを提案する」（『UbD訳本』p.208）とし，子どもの作品の質を吟味し，採点を子どもに返して次の改善に生かすためには，観点別ルーブリックを使うことが重要であるとしている。

なお，ルーブリックはパフォーマンス課題に対してつくるものであり，すべてのテストに対してつくる必要はない。一問一答のテストやスキルテストといった○×が一目瞭然な内容であれば，チェックリスト（点検・確認すべき項目を並べたもの）で評価できる。ルーブリックは，子どものパフォーマンスについての質的な判断が必要な課題に対して用いるものである。

（3）ルーブリックのつくり方

では，最後にルーブリックのつくり方を見ておこう。ウィギンズらが示しているルーブリックづくりの手順を簡略化したものが表1-4-5である。まず，パフォーマンス課題を実施して子どもの作品を集める。次に，それらを数レベルで採点し，なぜその点数にしたのかを書き出す。必要があれば評価の観点を分けたり，レベ

表1-4-4 言語科におけるルーブリックの例

尺度	記述語
5 （熟達）	選んだ文献について，洞察に満ちた理解を示している。子どもの意見は，文献の内容に対して鋭い認識を示しており，詳細で適切な文章の裏づけがなされている。
3 （十分）	選んだ文献について，適切な説明をしている。型にはまったものではあるが，自分の意見がはっきり述べられており，もっともな文章の裏づけがなされている。
1 （不十分）	選んだ文献について，疑わしい憶測を立てている。子どもの意見は，あるとしても不適切なものか，理解のできないものである。意見の裏づけはほとんどない。

出典：『UbD訳本』p.209をもとに，「尺度」と「記述語」を加え，尺度（レベル）の4と2を省略し，一部アレンジして筆者作成。

ルを増やしたりして記述語を練り上げ，繰り返し洗練する。このようにルーブリックは，実際の子どもの作品や実演を用い，どこにそれらの質の違いがあるのかを見抜き，その特徴を言葉で表現するという方法でつくられる。

　ここで，ルーブリックをつくる際の留意点として次の3つを確認しておこう。1つめは，子どもの作品や実演を集める段階（表1-4-5の1つめの段階）の前に，あらかじめ子どものパフォーマンスがどのようなものかをイメージして，「予備的ルーブリック」をつくっておくことである。あくまで仮のものであるが，予備的ルーブリックは，最初の実践での指導と評価のポイントを明確にするのに役立つ。

　2つめは，ルーブリックが一通りできた段階（表1-4-5の5つめの段階）において，各レベルを代表する作品である「アンカー作品」を選ぶことである。実際の子どもの作品があることで，ルーブリックに示されている観点やレベルを具体的に把握することができる。アンカー作品はまた，教師の間でルーブリックの内容を共有し，同じ規準・基準で採点するためにも重要なものである。

　3つめは，複数の教師が共同してルーブリックを練り上げることである。一人でルーブリックづくりを行うと，設定する観点やレベルが個人の主観に左右されやすくなる。そのため，複数人の見方で子どもの作品を採点し，規準・基準を練り上げることで，より的確にパフォーマンスの質をとらえること（ルーブリックの妥当性を高めること）ができる。また，共同でのルーブリックづくりを通して，観点やレベルについての共通認識をもつことができ，教師間の採点のばらつきを少なくすること（評価者間信頼性を高めること）ができる。

　以上，ルーブリックづくりの留意点を3つ見てきた。これらに加えて，作成したルーブリックがよいものかどうかを確認することも大切である（ルーブリックのチェックリストについては，巻末資料のワークシート⑧を参照）。

4 おわりに —— 子どもの探究を支える評価

　本節では，パフォーマンス課題とルーブリックの考え方を見てきた。パフォーマンス課題は，子どもたちの「理解」を試す課題を意味しており，いわばスポーツの試合や音楽の演奏会と同じものである。ルーブリックは，子どものパフォーマンスの質を見る採点指針であり，いわばスポーツでの審判や音楽のコンクールでの審査の規準・基準と同じものである。これらは，子どもたちが深い「理解」に至っているかどうかを確かめるために必要なものである。

　他方で，パフォーマンス課題とルーブリックは，子どもたちの「理解」を深めるためにも重要なものである。バスケットボール部に入った子どもは，入部当初から試合を意識し，先輩やプロ選手のプレーを見ながら良いパフォーマンスの特徴を学び，そのプレーをモデルとして練習する。同じように，パフォーマンス課題やルーブリックを単元のはじめから提示し，子どもた

表1-4-5　ルーブリックづくりの手順

1. できるだけ多数で多様な子どものパフォーマンスの実例を集める
2. 子どもの作品を数レベル（優れている，十分である，不十分など）で分類し，それぞれの作品の特徴を書き出す
3. 作品を見るときの観点を分ける必要がある場合には，いくつかの観点を設ける
4. それぞれの観点の説明・記述語を書く
5. それぞれの観点の各レベルを示す子どものパフォーマンスの事例（アンカー作品）を選ぶ
6. 繰り返しルーブリックを洗練する

出典：『UbD 訳本』pp. 215-216 をもとに，簡略化・加除修正をして筆者作成。

ちに山場のパフォーマンスのイメージをもたせることは，継続的な探究を促すことにつながる（本章第5節を参照）。評価は，子どもの探究を支える役割も担っているのである。

---

1) 本節の内容については，西岡加名恵，石井英真編著『Q&Aでよくわかる！「見方・考え方」を育てるパフォーマンス評価』明治図書，2018年も参照した。
2) この例は，Wiggins, G., *Educative Assessment: Designing Assessments to Inform and Improve Student Performance,* San Francisco, CA: Jossey-Bass, 1998, p. 44 を参照して筆者が作成した。
3) Wiggins, G., "Standards, Not Standardization: Evoking Quality Student Work," *Educational Leadership* Vol. 48 No. 5, 1991, pp. 18-19 を参照して筆者作成。
4) 『UbD訳本』pp. 392-393 をもとに筆者作成。

ルーブリックづくりのワークショップ

Column

　ルーブリックづくりも，パフォーマンス課題づくりと同じく，ほかの先生と一緒に行うことで新たな視点を得ることができます（もちろん1人で行うこともできます）。

　ルーブリックづくりのワークショップは，次の6つの手順で進めることができます。(1) 3～5人程度でグループになります。(2) グループで子どもたちの作品を順に評価します。各自，パッと見た印象で子どもたちの作品を採点し，付箋にレベル（3・2・1など）を書きます。書いた付箋は，ほかの先生に見えないように，作品の裏側につけて次の人に渡します。(3) 全員の採点が終わったら，付箋を作品の表側につけます。付箋を見ながら，評価が一致しているものと，評価が分かれたものに分類します。(4) それぞれの採点について話し合い，作品の具体的な特徴にもとづいてルーブリックの観点とレベルを考えます。(5) 出てきた意見をまとめながら，グループで1枚の用紙に記述語を書き，ルーブリッ

クをつくっていきます（巻末資料のワークシート⑦を参照）。その際に，各レベルを代表する子どもの作品の番号も併せて書いておくとよいでしょう。(6) 最後に，それぞれのグループでつくったルーブリックを交流します。

　ルーブリックづくりのワークショップをする際には，次の3つのものを事前に用意しておくとよいでしょう。(1) 子どもたちの作品。実際にパフォーマンス課題を行って作品を集めます。いろいろな作品があるほうが観点やレベルを考えやすくなるので，10点くらいあるとよいです。それぞれの作品に番号を振り，ワークショップ時のグループ数だけコピーしておきます。(2) 付箋（参加者の数×子どもの作品の数）。だれがどの付箋を用いたかがグループ内で判別しやすいように，4人グループで行う場合であれば4色の付箋があるとよいでしょう。(3) グループに1枚の模造紙とマジック。各グループでルーブリックをまとめ，全体で交流するときに使います。

Q ルーブリックは，毎回の授業で使わなければならないのですか？

A ルーブリックを毎回の授業で用いる必要はありません。ルーブリックは，パフォーマンス課題とともに単元のはじめに提示したり，パフォーマンス課題に取り組むときや，作品を作り終えた後の自己評価のときに用いたりするのが効果的です。パフォーマンス課題に触れない授業のときにまで，ルーブリックを使わなければならないと考える必要はありません。

あわせて，各授業の目標や学習課題（本時の「めあて」など）に対応したルーブリックをつくる必要もありません。ルーブリックは複雑なパフォーマンスを評価するためにつくるものであり，決まった手順を当てはめる課題に対してつくる必要はありません。また，個別の知識やスキルはチェックリストで評価すれば十分です。

Q ルーブリックはどのように子どもたちと共有すればよいのですか？

A 子どもたちにルーブリックの内容を理解してもらうためには，作品のイメージと評価の言葉を関連づける活動を取り入れることが大切です。ここでは，ルーブリックの共有の方法を3点挙げます。

・ルーブリックの言葉を，子どもたちでも理解ができるようにつくり替えます。また，単に子どもたちにルーブリックを渡すのではなく，それぞれの観点やレベルについて一緒に話し合う機会をつくり，言葉の具体的なイメージをもつことができるようにします。

・子どもたち自身に，実際の作品を検討して評価の観点を出してもらったり，めざすべきパフォーマンスについて話し合ってもらったりするなど，ルーブリックづくりの追体験をしてもらいます。また，パフォーマンス課題に触れる際に，ルーブリックと関連づけるよう

にします。

・パフォーマンス課題の作品を完成させた後（実演を終えた後）で，ルーブリックを用いて，子どもたちにお互いの作品を鑑賞する場を設けます。その際に，ルーブリックの観点やレベルについての理解を深めます。

Q ルーブリックを用いた評価は，どのように取り組み始めればよいでしょうか？

A ルーブリックを用いた評価を始めるときには，次の3つのことを意識するとよいでしょう。

1つめは，まずパフォーマンス課題をつくり，評価の対象とする子どもの作品や実演を決めることです。「単元『〇〇』のルーブリック」のようにルーブリックを先につくってしまうと，どこで用いてよいかわからず，つくりっぱなしで終わってしまいがちです。そうではなく，どの作品に対してルーブリックを用いるかを決めることで，見通しをもつことができます。

2つめは，予備的ルーブリックをつくることです。子どもの作品を集めることからルーブリックづくりを始めると，最初にひと手間かかることになります。そのため，取り組みはじめの段階では，教師が子どもの姿を想定して予備的ルーブリックをつくるとよいとされています。予備的ルーブリックは，単元前の子どもたちの状況をレベル1，単元後に全員に至ってほしい姿をレベル2，その上のさらに素晴らしい姿をレベル3にしてつくるとよいでしょう。

3つめは，ルーブリックの形にこだわらないことです。たとえば，「5段階でつくる」という形式から入ると，「〜を1つできている」「〜を2つできている」……といったように，各レベルのグラデーションをつくることが目的となってしまいがちです。そうではなく，どこに作品の質の違いがあるか見抜くことをまず重視して，レベルに分けることが大切です。

「逆向き設計」の指導と単元設計

中西修一朗

「ああ，数学，科学，あるいは歴史の教科書を見てほしい。活動，練習問題や図解を含んでいようと，教科書はソフトウェアの参照マニュアルのようだ」（『UbD 訳本』p. 343）

1 はじめに

問いも課題も明白にしたとしても，それらが指導に結実しなければ，絵に描いた餅にすぎない。本節では，次の2つの視点から，ウィギンズらが語る指導計画について考えよう。

第1に，教科書を読むことと実際にやってみることとは異なるのだから，教科書の内容を覚えるために課題に取り組むのではなく，課題を達成するために教科書を活用するような指導を考えねばならないということである。『UbD 訳本』の第10章が主としてこの主張を担っている。第2に，そうした指導のためには，単元を貫くような課題を用意するとともに，その解決へと連なるしっかりとした指導計画をデザインしておかねばならない，ということである。この観点から指導計画を作成し，点検する際の留意点を WHERETO という標語でまとめたのが，『UbD 訳本』の第9章である。

以下，この順に，『UbD 訳本』を読み解いていこう。

2 「逆向き設計」にふさわしい指導とは

（1）2つの授業

高校生に微分法を教える数学の授業。ある高校を覗いてみると，隣同士のクラスなのに，授業の様子は大きく違うようだ——。

ティ先生は，数学とは論理であるととらえ，その論理に従って教科書を教えることを重視し

ている。何事も定義から始めるのが重要であり，その定義の応用であらゆる問題が解決できるのだから，数学は美しい。「関数 $f(x)$ が $x=a$ で微分可能であるとき，$x=a$ における微分係数を $f'(a)$ と表す。このとき，曲線 $y=f(x)$ 上の点 $(a, f(a))$ における接線の傾きは $f'(a)$ に等しい」。こう書きながらティ先生は，グラフとそれに対応する数式を黒板に書き込んでいく。生徒たちは，板書をしっかりとノートに写している。さらに説明は続く——「区間 I において $f(x)$ が微分可能であるとき，I に属する任意の実数 a に微分係数 $f'(a)$ を対応させれば，I で定義された関数 $f'(x)$ が得られる。これを関数 $f(x)$ の導関数といい，これを求めることこそが $f(x)$ を x で微分する，ということである」。この定義を押さえれば，積・商の微分法や合成関数の微分へと応用でき，さらに次の単元では曲線の方程式の接線の方程式や極大値を求めることにもつながっていく[1]。その基礎を身につけるためにもまずは例題だ……，と授業は進んでいく。

エヌ先生の第一声は少し変わっている。「エーと今日は1時間目だから遊びまーす」。おもむろに，折り紙を1枚ずつ配っていき，さらに声をかける。「折り紙の四隅から，同じ大きさの正方形を切り取って，箱を作ります。この箱で，ちょうど1杯分の砂金がもらえるとしたら，あなたはどのような箱を作りますか？　まずは，計算しないで勘で作ってください」と言うのだ。どうすればいいんだ，生徒たちは困ってしまう。この問題，正確に答えを導くために

図 1-5-1　エヌ先生が配布したプリント

おりがみの四すみから，同じ大きさの正方形を切りおとして箱をつくります。

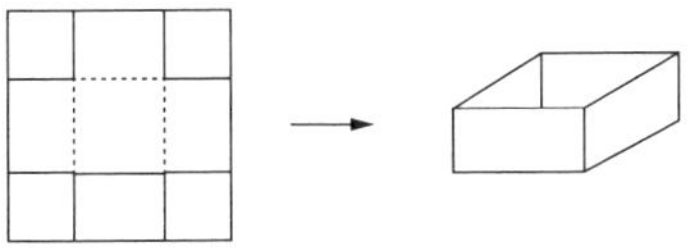

この箱で，ちょうど一杯分の砂金がもらえるとしたら，あなたはどのような箱を作りますか？
　あなたが一番大きいと思う箱を計算しないでカンで作って下さい。
　私がつくった箱の高さ（深さ）は　　　cm です。

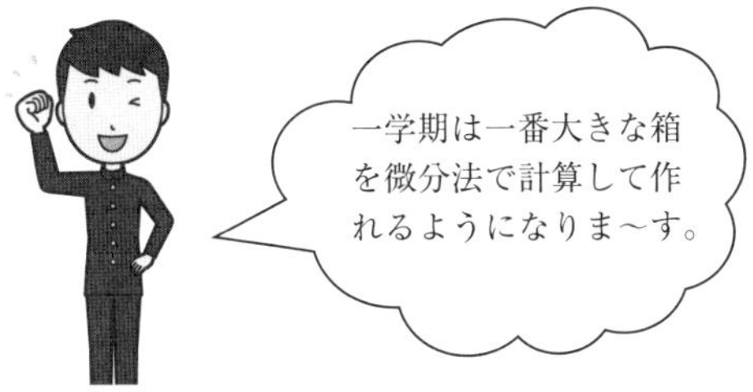

一学期は一番大きな箱を微分法で計算して作れるようになりま～す。

出典：仲本正夫『学力への挑戦』労働旬報社，1979 年，p. 26 をもとに作成。

は，3 次方程式を立式し，微分を用いて計算せねばならない。先生の指導で微分の概念や公式を学んでいく。やがて，いよいよ容積最大の箱を，微分で計算してもう一度作る日がやってくる。そして，最初に自分が作った箱と比べてみるのである。生徒たちは口々に，「勘って頼りにならないな」，「計算にはかなわないや」などとつぶやく[2]。

　ティ先生の授業は教科書そのまま，エヌ先生はそうではないということがわかっていただけただろうか。指導にせよ単元設計にせよ，ウィギンズらがとくに強調しているのは，教科書を読むことと実際にやってみることとは異なるのだ，ということである。この 2 人の先生の指導を，指導の方法と指導の内容という観点から『UbD 訳本』を参照しつつ比較してみよう。

（2）2 つの授業はどう違うのか

　まず，指導の方法についてはどうだろう。

ティ先生は，言葉や図の板書を駆使しながら，指導内容を効率的に伝達している。一方で，エヌ先生は，まず生徒たちが活動を通じて「どうすれば答えを 1 つに絞れるだろう」と課題をつかみ取ることを期待している。ウィギンズらなら前者を「講義形式の（または直接的な）教授」，後者を「構成主義的学習観に基づくファシリテーション」と呼ぶだろう（『UbD 訳本』p. 283）。

　では，指導している内容はどうだろう。ティ先生が大切にしているのは，微分の定義，微分係数や微分可能といった概念，計算のための手順などであり，まさしく微分という手法の体系的知識に相違ない。一方のエヌ先生もまた，概念や公式は教えている。しかしそれだけだろうか。生徒のつぶやきにも表れているように，エヌ先生は「勘と計算とは異なる」ということ，ひいてはなぜ微分が必要なのか，どうして数学を学ぶのかということを教えているともいえる。そのために，実は単元の半ばにおいても，1 円玉を使って，円周を拡大すると直線になると示すことで，微分の意味を視覚的につかませている。

　このような指導内容の違いを，ウィギンズらは表 1-5-1 のように 2 種類に分けて説明している。A と B を比べてみると，ティ先生が大

表 1-5-1　2 種類の指導内容

[A]
・事実　・個別的な知識　・定義　・明白な情報
・文字情報　・具体的な情報　・自明の情報
・予想できる結果　・個別的なスキルと技法
・ルールとレシピ　・アルゴリズム
[B]
・概念と原理　・系統的な関連　・暗示的な意味
・微妙さ，アイロニー　・象徴的意味
・抽象　・直観に反する情報　・変則
・方略（レパートリーと判断を用いる）
・ルールとレシピの創案　・発見的方法

出典：『UbD 訳本』p. 287。下線は引用者。

切にしていたのはAの知識，エヌ先生が重視しているのはBの知識であることが見えてくる。エヌ先生が伝えているのは単なる事実だけではなく，微分を用いることの「意味」であり，どのような課題に対して微分が使えるのかという「方略」であり，勘は役に立たないという「直観に反する情報」である。

エヌ先生がこういった指導内容を教えることができた秘訣は，勘による箱作りという活動を組み込むという指導方法の工夫によって，何のために何を学習するのかを，学習の入り口において生徒が実感できたことにあるだろう。『UbD訳本』の第10章でウィギンズらが示そうとしていることは，まさしく，指導内容と指導方法との対応が重要だということであった。

さらに言えば，講義形式の教授と構成主義的学習観にもとづくファシリテーションはどちらが先でどちらが後であるべきなのだろうか。すなわち，事実を網羅的に講義した後でその知識を概念へと高めるために構成的な活動に取り組むのか，それとも自ら何かを解決しようとする構成的な活動に取り組んだ後に知識の修得へ進むのか，という選択である。

これに対して，ウィギンズらは次のように答える。「理解を帰納的に導き出すために，生徒には，たくさんの特別な経験，事実と指導が必要なのである。事実とスキルを理解するために，彼らは内容をレリバンスのあるものとするような問題と問い，課題に気づく必要がある」（『UbD訳本』p.288）と。

たしかに表1-5-1のAのような事実的な知識を修得するためには，教師による伝達という指導法が効率的である。しかし，その知識を生徒が学び取るためには，生徒自身に「これに関する知識がほしい」という渇望感が必要であり，その渇望感を生み出すために，構成的な活動を通じて問いや課題に気づくことが必要だ，と

ウィギンズらは言う。ただし，初めに課題に気づけばその後は教科書を読めばよいというわけでもない。理解へといたるためには「たくさんの経験，事実と指導が必要」なのである。

この観点をふまえ，改めてエヌ先生の授業を見てみれば，その展開のうまさを感じることができる。折り紙から箱を作るというのはごく簡単なことであり，その容積を最大にするのも一見たやすいように思われる。しかし，勘に従って作成した箱の大きさは全員バラバラなものになり，そこで生徒は，答えを求めるのが実は難しいということに気づく。難しい課題を解決したいという渇きがあるからこそ，生徒は意欲を失わずに微分法の学習に取り組み，最後はその学習が意味あるものであったと，自らの手で証明するわけである。いかに論理的で整った説明であっても，生徒が必要だと感じていなければ，徒労に終わってしまいかねない。「タイミングがすべて」（『UbD訳本』p.288）とウィギンズらが語る意図は，ここにこそある。

だからこそ，ウィギンズらが教科書どおりの授業を批判することにも頷ける。ティ先生の授業は，教科書に記述されている順番どおりに筆者が要約したものだということに，読者は気づかれたかもしれない。ウィギンズらいわく「教科書はツールであり，シラバスではない」（『UbD訳本』p.272）。

しかしながら実際には，教科書をそのまま指導内容だととらえ，教科書どおりに進めねばならないと考えている指導のなんと多いことかと，ウィギンズらは嘆く。「ああ，数学，科学，あるいは歴史の教科書を見てほしい。活動，練習問題や図解を含んでいようと，教科書はソフトウェアの参照マニュアルのようだ。提示の仕方は基本的にトピックを順に進むものであり，何らかの意味のある活用や包括的な重要な問いからは切り離されている。活用に関連している

特定のゴールに役立つ資料として扱われる代わりに，教科書は役立たずにも封印されたシラバスになる。そして不適切なことに，著者と使用者の目からは，形式であり内容でもあると見なされてしまう。」（『UbD 訳本』p. 343）

　教科書は教えるべきすべての知識を収めることを念頭におき，そのための論理によって作られている。それゆえに教科書にのみ従って授業をすると，学習者が求めているかどうかを軽視する授業になりがちである。結果として，それぞれの知識は子どもたちにとって意味をもたないものになってしまう。

　ただしこの嘆きは，教科書など使うな，ということではないし，教師が前に立って一方的に話すなどという旧式なことをやめよ，ということでも決してない。ウィギンズらが主張しているのは，指導方法にはそれぞれ長短があるのだから，生徒が何を求めているかをとらえて適切なタイミングで提供しよう，ということに尽きる。

■3 指導計画を振り返ろう

　では，そのような指導計画を練るためにはどうすればいいのだろうか。それには，ウィギンズらの WHERETO に注目することが役に立つ。WHERETO は，効果的な単元をデザインし点検するための視点としてウィギンズらが提示しているものである。その内容をまとめると，表1-5-2のようになる。以下，この順に沿いながら，ウィギンズらが単元の設計および点検において重視していることをまとめてみよう。なお WHERETO の各要素の具体的な指導イメージは，表1-5-3にまとめてある。こちらも参照されたい。

　【Where, Why】まず，WHERETO（どこへ）という名前が示しているとおり，学習を通じて自分がどこへ向かっているのか，なぜ学習する

表1-5-2　WHERETO の一覧

Where, Why	どこへ，そしてなぜ
Hook, Hold	関心をつかみ，維持する
Explore, Experience, Enable, Equip	探究・経験し，可能にし，用意させる
Reflect, Rethink Revise	振り返り，再考し，修正する
Evaluate	作品と進歩を評価する
Tailor	学習活動を調整し，個性化する
Organize	最善の効果をもたらすために組織する

出典：『UbD 訳本』pp. 234-261 の WHERETO に関する小見出しより抜粋。

のか，ということを学習者自身に意識させることが重要である。「私は，単元の終わりまでに何を理解しなくてはならないか，またその理解はどのように見えるものなのか？」，「最終的に私がしなくてはならないことは何か？」といったことを，教師はもちろんのこと子どもたちもまた把握していなければならない。また，何を学ぶのかを見定めるためには，これまでに何を学んできたのかも自覚できていなければならない。To Where だけでなく From Where も重要なのである。

　【Hook, Hold】そのための手立てはさまざまに考えられる。パフォーマンス課題を単元の最初に提示したり，先輩の学習成果を見て目標を抱いたりすることがこれにあたる。そのようにして，子どもたちの関心を学習に向けてつかむ（Hook）だけでなく，より難しいのは，つかみ続ける（Hold）ことだろう。最も重要なのは，取り組み続けるに値し，かつ容易には解決できないような「本質的な問い」を，単元の中核に位置づけることである。そのためには，子どもたちが本当に必要としているタイミング以外

に，教師は情報を与えすぎていないだろうか，と点検してみることが大切だろう。

【Explore, Experience, Enable, Equip】そのような「本質的な問い」と子どもたちが出会うことを保障するためには，その単元で子どもたちがどのような経験をするのか，と問い返してみるのがよい。子どもたちの経験を考える際に留意すべきことは2つある。第1に，その経験は探究的であるだろうか。子どもたちは，適切な経験を通じてこそ，自分で理解を組み立てることができる。教師の仕事とは，この適切な経験を用意することだといえよう。第2に，その経験は目標の達成に向けて子どもたちを準備させるものになっているだろうか。たとえば，単に一つ一つ「事実を知る」ということも経験ではあるのは確かだが，めざす目標と照らして適切な経験であるとは限らない。一つ一つの「事実を積み重ねて深い理解に至る」ことを目標とするならば，事実を「積み重ねる」という経験が必要である。既習の知識をつき合わせ一般化してとらえ直すためのワークシート（たとえば，『UbD 訳本』p. 249 の図表9.3）を用いたり，話し合い活動を仕組んだりといったことを，学習計画の一部へと組み込む必要があるだろう。こうした学習を繰り返すうち，「事実を積み重ねる」ことが習慣化し，ワークシートなどの補助は不必要になっていく。すなわち，転移が可能となる。

【Reflect, Rethink, Revise】繰り返し取り組むことは，一つの単元のなかでも重要である。単元における繰り返しとは何か。直接的には，最終成果物を素朴なものから洗練されたものへと作り直していくことであり，間接的には，「本質的な問い」を何度もとらえなおし，その答えを練り上げていくということである。そのために教師は発問を重ね，新しい思考材料を提供し，子どもたちがもっていない観点を提示する準備

をしておかねばならないだろう。

【Evaluate】だからこそ，教師が提示する経験のなかでも，「振り返り」はとくに重要である。なぜなら，自分が何を理解していて何を理解していないのかを振り返り続けることは，自分がどこへ向かっているのか（つまり WHERETO）の自覚につながり，理解の洗練をもたらすからである。ただし，振り返りを「楽しかった」や「すごいと思った」，「私も今後活かしていきたい」というような感想にとどめてはもったいない。もう一歩深めて，「なぜ楽しいと感じたのか」，「相手をすごいと感じたのは何を基準にしたからで，それをふまえると自分には何が不足しているのか」，「今後に活かすためには自分は何をやるべきか」ということを自己評価して初めて，メタ認知を育むことになる。これを促す方策は，直接に振り返りを書かせることだけに限られない。理解した学習方略を絵にまとめて意識しやすくする，生徒自身がルーブリックをつくって評価基準を自覚するといった活動を単元計画に組み込むことが重要である。

【Tailor】さらに，自己評価において「自分は何をやるべきか」という問いがそうであるように，問いへの答えは一人ひとり異なる場合がある。それはオープンエンドという，「本質的な問い」の一面を構成する性質である。だからこそ，学習活動や評価課題も，学習者のニーズや個性に応じた多様性を確保する必要があるだろう。重要なのは，同じ基準に至る学力を保障するということなのであり，みんなが同じことをやらねばならないというわけではないのだから。

【Organize】最後に，単元全体の流れが適切なものとなっているかどうか，という観点でもう一度見直してほしい。たとえば，その応用問題は本当に単元の最後にやるべき課題だろうか，何かの説明をするまでに疑問を抱くきっか

表1-5-3 WHERETO の具体例

W	ゴール	・1日目に単元や科目のゴールやシラバス，スケジュールを提示する ・単元の始まりに「本質的な問い」を投げかけて議論する ・問いを生み出すように生徒を誘う ・生徒に個人の学習目標を書かせる
	期待	・山場のパフォーマンス課題を示す ・採点用ルーブリックを吟味する ・期待される作品やパフォーマンスのモデルや例を見せる ・予備的ルーブリックの評価基準がはっきりするように話し合わせる
	レリヴァンスと価値	・学ぶことでどんな利益があるかを話す ・これから学ぶ知識やスキルが教室外のどんな人や場所に使われているのかを明らかにする
	診断	・診断的なテストや思考ツールによって，生徒がすでにもっている知識と理解を明らかにしたり，よくある誤解をチェックしたりする
H		・奇妙な事実や例外，直観に反するような挑発的な入口の問い・謎・挑戦・問題や課題を提示する。 ・ロールプレイやシミュレーションを行う ・生徒に選択させる ・ユーモアなどで感情的つながりを維持する
E	経験的帰納的学習	・調査や自分で探索するプロジェクト ・歴史的調査 ・科学実験 ・問題基盤型学習 ・創造的表現 ・美術制作 ・構成的プロジェクト ・シミュレーション
	直接教授	生徒が次のことをするのを助ける ・アイデアと情報を比較する ・情報を見つける（例：調査） ・情報を組織する ・情報とアイデアを評価する ・仮説を生み出し確かめる ・アイデアを伝え，説得する ・自分たちの理解をモニターする ・お互いの作品を批評する ・自分の作品を修正する ・問題解決の方略を用いる ・鍵概念をまとめる
	宿題と教室外経験	・スキルを実践する ・プロジェクトやパフォーマンス課題に取り組む ・情報を勉強し統合する（例：概念マップの作成） ・アイデアと過程と成果物を熟考する ・作品を修正する
R	再考	次のようにさせることで再考を助ける ・視点を変える ・重要な仮定や素朴なアイデアを見直す ・意外なことや例外と向き合う ・オルタナティブと向き合う ・ロールプレイやディベートを行う ・悪魔の代弁者を演じる ・議論と証拠を確かめ直す ・調査を実行し，新情報を考慮する
	修正し洗練する	次のことを通じて自分の作品を修正し洗練する機会を与える ・講演の草稿を書き編集する ・リハーサル ・実際に講演する
	熟考	次のようにして生徒の熟考を促す ・日誌と思考の記録を見直す ・声に出して思考する ・自分で調査した論文を書く
E2		自己評価を促すように次のように問いかけ，その理由も考えさせる ・結局，何を理解できた？ ・いま抱いている問いやわからないことは？ ・効果的だったのは何だろう？ ・もう一度取り組むなら，どうしたい？ ・最も誇らしく，がっかりしているのは何？ ・あなたの強みは何？ ・学習スタイルは適切だった？ ・何点くらいだろうか？ ・学んだことは他の学習にどうつながる？ ・学んだことであなたの考えは変わった？ ・今後どのような取り組みが必要か？
T	内容	・診断的評価をふまえ，レベルを調節できるように活動を多様化する ・オープンエンドな問いや活動，課題，評価を生徒に与える ・多様な手法で（口述，視覚的，筆記など）情報を提示する ・多様なレベルの読みものを用意する
	過程	・異なった学習スタイルをもつ生徒を，一人やグループで取り組む機会を与えることで包摂する ・鍵となる概念や問いを徹底的に探求するために，生徒が自分の研究上の問いを発展できるようにする
	成果物	・生徒が活動や課題の成果物を選択（例：視覚物，筆記，口述）できる ・ゴールやスタンダードに妥協せずに多様な制作物やパフォーマンスを通じて理解を示すための選択肢を生徒に提示する
O		「看破」の論理による構成 ・単元を，案内されるツアーや百科事典の記事でなく，物語や問題を解き開くものと考える ・より驚きが大きく予想しづらい流れにする ・転移可能な「重大な観念」に焦点を合わせる ・細かいことを文脈から外れてすべて教えるのではなく，全体と部分を行ったり来たりする

出典：McTighe, J. & Wiggins, G., *Understanding by Design: Professional Development Workbook*, Alexandria, VA: ASCD, pp. 216 - 217, 219, 221 - 225 より引用者が加筆修正して抜粋。

けを与えているだろうか，説明と活動の割合は適切だろうか。これまでの観点を見渡して，もう一度チェックしておくことが重要だろう。

4 おわりに

　ウィギンズらの指導と単元設計の基本理念は，結局のところ，本書で何度も繰り返し述べられてきた「網羅」と「看破」というキーワードに集約される。教科書を順番どおりになぞることは網羅であるし，だからこそ，教科書に整理されている知識をつくり出しただれかが，なぜその知識を必要としたのかを見抜くこと，すなわち看破を行うことを強調しているのである。

　この際，本節に挙げたエヌ先生のモデルが，日本の教育実践であることも意識しておきたい（注2に示したとおり，仲本正夫氏をモデルにしている）。網羅を乗りこえ看破を促すウィギンズらの理論を「理解」することは，つめ込み主義を乗りこえて科学や生活との結合を促した日本の教育実践史をとらえ直すことにつながるだろう。逆もまたそうであり，まずは読者が見たり実践したりしてきた教育実践に，ウィギンズらの言う WHERETO がどのように隠れているかを振り返ってみてほしい。身近な実践がいかに理解を促しているかを省察し意識化することが，ウィギンズらの議論を理解する近道になるだろう。

1）俣野博・河野俊丈ほか『新編 数学Ⅲ』東京書籍，2013 年，pp. 120 - 131 を参考にした。
2）仲本正夫『学力への挑戦』労働旬報社，1979 年，pp. 24 - 34。

Q WHERETO の順番で単元を展開すればいいのでしょうか？

A これはよくある誤解です。WHERETO は単元を作成したり検討したりする際に留意すべき要点をまとめたものであって，単元展開を示すものではありません。たしかに，『UbD 訳本』30 ページには単元で行う学習活動がまとめられており，それぞれの活動に，おおよそWHERETO の順番どおりに各要素が割り振られています。ただ，それは結果的にそうなっているだけなのです。

たとえば，W は，単元を通じて自分が学ぶべきこと，できるようになるべきことを自覚させることを示しており，単元の初めから意識してほしいことです。しかし，初めに意識させたとしても，単元の途上で目標を見失ってしまったならば，さして意味はないでしょう。大事なのは，学習している自分の位置を，見失わないことなのです。そうであれば，単元の初めだけでなく，各時間においても自覚が促されてしかるべきです。

また，WHERETO はあくまで単元の「計画」の要点であることも留意しておいた方がいいでしょう。子どもたち同士の対話を重視するような指導計画を練ったとしても，教師が子どもたちと対話する素振りを見せなければ，せっかくの計画に反したメッセージを，子どもたちに与えてしまうことでしょう。『UbD 訳本』はカリキュラム設計に焦点を合わせているため，指導の細やかな技術に関して，あまり多くを語らないのです。

Q でも小学校の教科書はよく構成されているように思います。教科書どおりではいけないのでしょうか？

A ウィギンズらは，教科書の展開が子どもたちの思考過程を意識したものではないと断言しています。しかしながら日本の，とくに小学校の教科書には，単元の初めに話し合うための挿絵が載せてあったり，そこで話し合うべき問いまで提示してあったりして，子どもたちの思考に配慮したものも多くあります。そのため，ウィギンズらの指摘がそのままあてはまるわけではないでしょう。

ただし，このような場合でもウィギンズらの考えに学びながら，単元の展開を問い直すことは大切でしょう。教科書で単元の初めに提示されているような問いや課題は，あくまで単元の序盤の内容に取り組みやすくするものであって，単元を貫くような問いや課題にはなっていないこともあるからです。

ウィギンズらが推奨する問いや課題は，単元を通じた学びのゴールを示すものです。それを初めから提示し，単元を通じて取り組み続けるからこそ，一つ一つの知識の有用性に子どもたちは気づくことができるのです。このことをふまえると，同じく教科書を使うにしても，たとえば各単元の終わりに記載してあるような課題こそ，最初に提示する問いや課題のヒントになるかもしれません。なぜなら，最後に載っている課題こそ，この単元を学び終えたらできるようになっていてほしいと教科書会社の執筆者たちが考えた課題であり，学びの意義を実感できるような課題である場合があるからです。

「逆向き設計」によるカリキュラムの示し方

中西修一朗

「学習科目は、重大な観念と（内容を手段として）それらを活用する仕方に関わるパフォーマンス・ゴールから逆向きに組織されなくてはならない。このことを私たちが把握しない限り、教育の結果は失望させるものであり続け、理解は指導において見過ごされることだろう」（『UbD 訳本』、p.352）

1 はじめに

明日の授業の一番はじめに、子どもたちに「なぜこれを勉強しているの？」と問いかけてみると、どんな答えが返ってくるだろうか。ウィギンズらが教師に求めるのは「やらなきゃならないから」という以上の答えが返ってくるように単元を設計することであった、と前節までの内容は教えてくれる。では、今度は教師に尋ねてみよう。「なぜ学校でこれを勉強するのですか？」と。ウィギンズらがカリキュラムを語るときに願うのは、すべての教師がこの問いに対して、学校の教育目標を念頭において答えられ

るような学校であり、カリキュラムである。

この節では、学校のカリキュラムの全体構成に際するウィギンズらの基本的な発想を考えよう。図1-6-1は、ウィギンズらの構想を端的に示している。要約すれば、学校や地域の教育目標をふまえて各教科の目標が設定され、次に各科目の、さらに各単元の目標が決められることである。これによって学校が、各教科を好き勝手に教える個人事業主としての教師の集まりではなく、一つの価値目標を共有するコミュニティーとなるだろうと、彼は見込んでいたのである[1]。

以下、①カリキュラムにおける教育目標をどのようにとらえるか、②どの学年段階で何を身につけるかをどのように示すべきかという順に検討を進める。

2 ミッションとスタンダード

あなたの学校の教育目標は何だろう。知・徳・体の調和、明るい元気な子ども、創造性のある子ども。各学校ではさまざまな文言で教育目標が設定されている。ここで、今日の授業を思い出してほしい。授業中の子どもたちは、「明るく元気」だっただろうか、知・徳・体は調和していただろうか、創造性を発揮していただろうか。学校教育目標を実現するための姿を子どもたちは見せていただろうか。

先の図1-6-1においても、各教科や各単元は、より上位の「ゴール」の下に置かれている。

図1-6-1 『UbD 訳本』のカリキュラムの枠組み

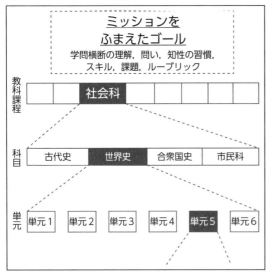

出典：『UbD 訳本』p.325 の図に、Wiggins, G. & McTighe, J., *Schooling by Design: Mission, Action, and Achievement*, Alexandria, VA: ASCD, 2007, p.59 の図を加味して筆者が修正を加えた（以下、*Schooling by Design* と略記）。

両者がどのように関係しているのかは，ウィギンズらのカリキュラム設計論を理解するうえで重要である。それにもかかわらず，『UbD訳本』におけるウィギンズらはこの点をあまり詳しく語ってくれない。実はこの点は，ウィギンズらの別書 Schoolnig by Design（『意図的設計による学校教育』）に詳しい。それらを参考にしながら，まずはミッションおよびスタンダードについて理解していこう。

(1)「ミッションにもとづく学校教育」

　日本にも学校教育目標があるように，アメリカでも州や学校が「ミッション（学校の使命）」を提示している。ウィギンズらは，各種の学校や州のミッションを分析して，学校教育がめざす共通の要素を導き出している。それは，「学校が存在しているのは，知的に活発な学習，将来の自発的な学習を生むような学習，個人的に意味に富んで生産的であり社会的にも価値あるような学習をもたらすためだ」[2] ということである。

　ウィギンズらによれば，このことは『UbD訳本』での議論にも通底している。理解することには2通りの場合（「重大な観念」を用いることで学校における学業同士がつながったり意味あるものになったりする場合と，学習したことをまったく新しい文脈や問題へと転移できるような場合）があり，そのような理解を通じて生涯にわたる「知性の習慣」を習得させることが，学校教育が存在する目的だということである。ウィギンズらがミッションと呼ぶのはこのような目標であり，「ミッションを達成するためには，教科課程や科目や単位や授業は，私たちが求めている意味と転移から逆向きに作られねばならない。そうしないならば，より広いミッションは確実に失われる」[3] と断言する。

　このようなミッションは，もちろん各学校や

表1-6-1　2種類のミッション

> サレム高校は生徒にフォーカスした共同体であり，批判的かつ創造的な思考を促す精密なカリキュラムによって方針が守られています。個性化された安全な学習環境が提供され，生徒たちは理路整然とした推論能力や，学校や共同体への貢献，さらにはあらゆる個人への寛容を示します。各生徒がサレム高校を卒業する際には，市民性や貢献や学習に生涯取り組んでいくために必要な道具を携えているはずです。

> ウェスト中学校は家庭と共同体とのパートナーシップを形成し，相互の信頼と尊敬と理解にもとづいた，積極的で安全な学習環境を促進します。各生徒には，知性，社会性，情操，身体におけるポテンシャルを発達させるような，教育的機会が提供されるでしょう。

出典：*Schooling by Design*, pp. 16-17, 27.

地域の状況をふまえて，主体的に設定されるべきである。ただし，ミッションにも良し悪しがある。表1-6-1は，2種類のミッションとしてウィギンズらが挙げている例である。比べてみると，その違いは何だろうか。

　重要なのは，どのような教育活動をするかだけでなく，その学校に通うことでどのような人間に育つことを期待しているのか，すなわちヴィジョンが示されているか，ということである。この意味で，サレム高校のミッションには，推論能力や共同体への貢献など，高校での3年間を通じて学習者に何を達成してほしいのか，ということが明示されている。そのためミッションは，各授業においても目標として意識しておきたい内容となっている。

　一方，ウェスト中学校のミッションは，学校が何を提供するかに言及するにとどまっている。どのような知性，どのような社会性を身につけてほしいのかといった方向性には踏み込んでいない。結果として，各授業では意識しづらい。

　ミッションは，学校の書類やウェブサイトに書かれているだけでなく，それぞれの授業で意

識されることが必要である，とウィギンズらは語る。そうでなければ単なるお題目に終わってしまうし，学校は一つの共同体ではなく，好き勝手に教え学ぶ教師と生徒の集まりにすぎなくなってしまうだろう。「どんな単元もそれ以前の学習の行程や1年間にわたる学年レベルのカリキュラム，さらにはより大きな教科課程の枠組みに適合する必要がある」(『UbD 訳本』p. 323)とウィギンズらが示すところは，この点にある。

（2）スタンダードとの関係

しかし，ミッションとして大きな教育目的を共有するのも大切だが，各教科ではそれぞれに教えねばならない内容があるし，その内容は決められているではないか。このような疑問はウィギンズらの予期するところであった。何をいつまでに知り，できるようになるべきかをまとめたものを，ウィギンズらは「スタンダード」と呼ぶ。ミッションやゴールとスタンダードとは，どのような関係にあるのだろうか。

ウィギンズらは，日々の授業がスタンダードに束縛されることを危惧している。たとえば，あなたが家を建てるときのことを想像してほしい[4]。安全な強度をもたない家には安心して住めないことは言うまでもない。だからこそ建築基準法を満たすことは重要である。しかしながら，家の良し悪しとは，建築基準を満たしているかどうかで決まるものだろうか。いや，居住性や美観によって判断されるべきである。

この例において建築基準にあたるのがスタンダードであり，居住性や美観にあたるのがミッションやゴールである。学校教育もまた，スタンダード（学習指導要領）ではなくミッションやゴール（育てたい子どもの姿）によって方向づけられるべきであり，スタンダードはあくまで点検の基準にすぎない，とウィギンズらは呼びかけている。

（3）日本でも同じか？

ここまでのウィギンズらの議論は，もちろんそのまま日本の文脈に当てはまるわけではない。たとえば，アメリカでは学区の教育長が大きな権限をもっており，ミッションも学区単位で決まっている場合がある。そうした違いがあったとしても，ミッションとスタンダードをめぐる議論は，日本の文脈を俯瞰するうえで示唆を与えてくれるだろう。

第1に，ミッションをめぐる議論は，日本の学校教育目標をとらえなおす視座を与えてくれる。たとえば，多くの学校で採用されている「知・徳・体の調和」という目標は，一見すると育てたい人間像を示しているように思われる。しかしながら，「知」のために教科があり，「徳」のために諸行事があり，「体」のために体育があるという説明が補足されているなら，この教育目標は教育課程の説明にすぎない。一方で，もし「批判的な知」を得て，それと調和するような「他者の意見を尊重しつつ批判的に検討する習慣」や「課題解決を実行に移せる体」をもって卒業してほしいと補足されているなら話は異なってくる。この場合，課題の解決に向けて他者と議論を重ねながら学び行動する，という授業イメージをも想起できるだろう。あなたの学校の教育目標は，いったいどちらだろうか。

第2に，スタンダードとして語られるものは，日本では学習指導要領に該当する。学習指導要領は学力保障の観点において無視することは妥当ではない。しかしながら，学習指導要領の項目を満たしていれば良い授業ができるわけではない。学習指導要領はあくまで点検の基準にすぎず，絶対の基準というわけでもないのである。指導案の単元目標や本時の目標を，学習指導要領そのままではなく，教材研究をふまえて構成しなおすことこそが重要であろう。

3 カリキュラムを構成する手立て

　スタンダードのように，各学年の内容を数え上げていく方法は，チェックリストとしては良くてもカリキュラムの記述としては不十分だとウィギンズらは言う。しかし，ミッションやゴールを見据えつつも，特定の教科においてどの学年段階で何を身につけるべきかを示し，さらに個々の単元で学習すべきことのアウトラインをも示すことが，現実的に可能なのだろうか。

　ウィギンズらは，その解決策として，単に何を知りできるようになるべきかを記述した「内容スタンダード」だけでなく，どの程度うまく学業を成し遂げねばならないかを，価値のある学業とは何でありどんな課題ができるようになるべきかをも視野に入れて記述する「パフォーマンス・スタンダード」[5] を用いるべきだと推奨している。解決策にもスタンダードという言葉が使われるため，少々ややこしい。

　では，パフォーマンス・スタンダードは，どのようにカリキュラムとしての姿をとるのだろうか。『UbD 訳本』の第 12 章からは，「本質的な問い」という角度と，パフォーマンス課題やルーブリックという角度から見た，2 種類のカリキュラムの姿を知ることができる。それぞれについて，補足を加えながら概観していこう。

(1)「本質的な問い」で構成する

　カリキュラムとの関係において，ウィギンズらは「本質的な問い」に関する 2 つの指摘を行っている。第 1 に，「包括性と繰り返す性質があるため，教科課程と科目というマクロなカリキュラムを組み立てるのに理想的」(『UbD 訳本』p.327) である，第 2 に「本質的な問いは通常，単元を特定しないような重大な観念に焦点を合わせる」(『UbD 訳本』p.327) と言う。

　1 つめから見ていこう。「本質的な問い」は

表 1 - 6 - 2　デラウェア州歴史科の「本質的な問い」

階梯	「本質的な問い」
K, 1-3 6歳 〜9歳	どうして「いつ」というのが問題なのか？
4-5 10歳 〜11歳	どの程度にまで一つの出来事が「いつも」別の出来事を導くのか？
6-8 12歳 〜14歳	変化は避けられないのか？ 過去はどの程度未来を予言するか？ 私の結論の証拠はなにか？
9-12 15歳 〜18歳	現代的課題は過去の社会においても問題だったのか？（なぜそれらの課題は難しいのか？　持続や変化にはパターンがあるのか？） 社会問題への歴史的な応答から，私たちはどの程度学ぶことができるのか？

※ K は幼稚園年長を指し，それ以降 1 − 12 の数字が学校階梯を通じた学年を示している。
出典：*Schooling by Design*, pp. 68 - 70.

教科や単元の内容をふまえた固有性をもっている一方で，包括的に何度も問い直されるものでもある（本章第 3 節を参照）。それゆえ，学年を跨いだ一貫性を示すのに適切である。

　たとえば，表 1 - 6 - 2 は，別書でウィギンズらが紹介しているデラウェア州の歴史科のスタンダードの一部を抜粋したものである。幼稚園から小学校の低学年までは（K, 1 - 3），教科としての歴史を学ぶわけではない。しかし，ほかの教科での活動において，時計やカレンダーを用いて記録をとることを通じて，時間という概念を学びとっておくことが意図されている。高学年になってくると，歴史を学ぶことを前提にしている。各階梯の問いからは，一つの出来事と別の出来事という 2 点間の関係性から，過去や変化という一般化を経て，現代と過去との関係性へと至っていることが読み取れるだろう。

　もちろん，これらの問いには，各段階にふさ

図1-6-2　長期的なルーブリック

	レベル1	レベル2	レベル3	レベル4	レベル5
社会的な思考・判断・表現	社会・経済・文化・人口・地形などの構成要素から事実を断片的に羅列して述べることができる。	社会・経済・文化・人口・地形などの構成要素から何等かの根拠にもとづき主張を行うことができる。	社会・経済・文化・人口・地形などの構成要素を関連づけつつ分析し、根拠を挙げて主張を述べることができる。	社会・経済・文化・人口・地形などの構成要素を総合的に関連づけて分析し、具体的で詳細な根拠を挙げて主張を組み立てることができる。	社会・経済・文化・人口・地形などの構成要素を総合的に関連づけて多角的に分析し、最適で詳細かつ具体的な根拠を挙げて、非常に説得力のある主張を組み立てることができる。

中学1年
中学2年
中学3年

出典: 西岡加名恵「学力評価計画に対応するポートフォリオの活用」『指導と評価』2010年10月号、p.10より一部抜粋および表現を変更した。
　三藤あさみ・西岡加名恵『パフォーマンス評価にどう取り組むか——中学校社会科のカリキュラムと授業づくり』日本標準、2010年、pp.58-59。

わしい「永続的理解」が前提とされているのだが、ここでは「本質的な問い」をめぐるウィギンズらのもう1つの指摘、すなわち「本質的な問いは通常、単元を特定しないような『重大な観念』に焦点を合わせる」という指摘が重要である。表1-6-2の問いを改めて見ると、いずれも時間の連続性、時系列という観念が中心になっていることがわかるだろう。このように、その教科において大切な観念は何なのか、その観念をめぐって子どもたちに抱いてほしい問いはどのように移り変わるのかということを考えていきたい。そうすることで、カリキュラムは学年を超えた一貫性をもつことができるだろう。

（2）評価方法でカリキュラムを構成する

　各学年で何ができるようになるべきかをもっと具体的に示す方法もある。それは、パフォーマンス課題を示すことである。それぞれの教科で各学年にクリアできるようになってほしい課題が示されていれば、間接的に、身につけてほしい力量も一目瞭然となるだろう。

　ここでまず注意しておきたいのは、「カリキュラムを本質的な問いを中心に組み立てることの利点は、問いによって自然に正しい種類の

高次の評価課題が示唆され、ひいては地域のカリキュラムにしっかりとした根拠が与えられる」（『UbD 訳本』p.332）という点である。課題を示すことは、たしかに学習すべき目標を明確に示してくれる。しかしながら、課題をこなせるようになれば指導方法は何でもよいというわけではない。想定される問いと理解を子どもたちにもたらすような指導が行われなければ、形式的にパフォーマンス課題に取り組んだところで意味はない。課題だけでなく、問いや観念を共有できるようにすることが重要である。

　この点に注意したうえで、評価課題としてのパフォーマンス課題でカリキュラムを構成するならば、そこから2つの発展を見こめる。第1に、ルーブリックによってカリキュラムを示す可能性である。このようなルーブリックは、日本においてもすでに見ることができる。図1-6-2は「社会的な思考・判断・表現」に関する長期的な進歩を示したものである。学年が進むごとに、ルーブリックで必ず身につけてほしいレベルと理想的なレベルが移行していく様が読み取れるだろう。これによって、中学校3年を卒業するときにはどのような姿を見せてほしいのか、その姿と現在の学習がどのようにつ

ながっているのかを考えることができる。

　第2に，ポートフォリオを活用できる。パフォーマンス課題は相対的に高次の学力に対応する評価方法にすぎない。忘れてはならないのは，基礎的な学力の習得を保障することも，カリキュラムには必要だということである。だからこそ，パフォーマンス課題としてはどんな成果物が欲しいのか，基礎的な学力を習得している証拠としては何がふさわしいかといった評価の全体計画を事前に考えておくことが重要となる。その際，それらの成果をポートフォリオに蓄積していくとすれば年度終わりにはポートフォリオにどんなものが入っていてほしいだろうかと考えれば，年間のカリキュラムを具体的にイメージする助けとなるだろう。

4　おわりに──年間計画としてのカリキュラム

　カリキュラムを考える際にも「網羅」は天敵であり，内容スタンダードに過度に気を取られることは避けねばならないというのが，ウィギンズらから学ぶべき最も重要な点だろう。それを実践するために，ミッションをつねに念頭におき，「本質的な問い」やパフォーマンス課題，ポートフォリオなどを用いてカリキュラムを整理するのである。ただし，この年度にはここまでできるようになってほしい，ということが明らかとなったとしても，年間計画としてのカリキュラムを構成することはできない。

　実際の計画を組むに際しては，どのようなこと（スコープ）を，どのような順番（シーケンス）で学ぶべきかを考える必要がある。できるようになってほしいことが，1回限りの偶然ではなく本当にできるようになるためには，何度も繰り返し取り組むことも必要であろう。そのためには，鍵になるような思考が何度も繰り返し現れ，そのたびに修正を加えることができるよう

に構成せねばならない（螺旋型カリキュラム）。

　そうであるならば，年間計画としてのカリキュラムを書き起こす際には，各単元の名前だけでなく，関連する「本質的な問い」や「永続的理解」，「重大な観念」，さらにはパフォーマンス課題とルーブリックを加えるとよいだろう。そうすれば，学年をこえて，通底する問いの繰り返しや深まりに，意識を向けられる。

　「単元についての WHERETO の要素について述べた際に注記したとおり，どこへか（Where），また惹きつける（Hook）という問い，論点，経験と問題は，シーケンスを完全に再考するやり方を示唆している」（『UbD 訳本』p. 346）とウィギンズらが論じていることを敷衍（ふえん）して捉えることが重要である。各単元だけでなく年間のカリキュラムについても，惹きつけることや，振り返（ふ）りを保障するといった WHERETO の観点は有効なのである。このように考えてみると，単元をデザインすることとカリキュラムを構成することは，本質的には同じ質の仕事を含んでいることがわかる。『UbD 訳本』が，紙数のほとんどを単元レベルの設計に割きつつ，序章から一貫して「カリキュラム」という視点を強調していることの含意は，この暗示にあったのかもしれない。

1）Wiggins, G. & McTighe, J., *Schooling by Design*: *Mission, Action, and Achievement*, Alexandria, VA: ASCD, 2007, p. 27（以下，*Schooling by Design* と略記）.
2）*Schooling by Design*, p. 12.
3）*Schooling by Design*, p. 13.
4）*Schooling by Design*, p. 74.
5）Wiggins, G., *Educative Assessment*, San Francisco, CA: Jossey - Bass, 1998, p. 44

先生の学びも「逆向き設計」！

「逆向き設計」は，複数の先生で協力して取り組むと，なおいっそうおもしろさが広がります。大切にしている願いは先生によって異なりますし，さまざまな発想を共有すれば課題も多様になっていきます。学年や教科をまたいだ学習の「転移」をねらうこともできるでしょう。そのためには，勉強会やサークル，時には研修を組織することも大切です。ただし，漫然と勉強会を開いても，なかなかうまくいきません。実はここでも「逆向き設計」が役立つのです。

まずは第1段階。先生たちで協力して追究していきたい目標，すなわち「問い」とその答えはどんなものでしょうか。たとえば「子どもたちが本気で取り組む価値のあるカリキュラムを設計するにはどうすればよいのか？」や「『逆向き設計』がなぜ重要なのか？」というような問いが考えられます。

次いで第2段階。目標が見えてきたとしても，それだけではふわふわとした雰囲気になってしまいがちです。そこで，具体的にどんな「課題」を達成すれば，目標が実現できたといえるのかを明確にしましょう。つまり，先生自身が取り組むべきパフォーマンス課題を考えるのです。それはたとえば，「評価を見すえた指導案を作成し，研究授業をしよう」というようなものかもしれません。

最後に第3段階です。目標や課題を共有するためには，どのように勉強会を進めればよいのでしょうか。たとえば，本書第2章の本田小学校の場合，『UbD訳本』に興味のある先生たちが集まり，各章を順番に担当し発表するという，読書会形式が採用されていました。この勉強会が魅力的な実践を生むことにつながったポイントは，発表者がたんに内容をまとめるだけでなく，自分の実践への応用を意識していたこと，さらに実際に授業研究会が開かれていたことにあります。

ここには，「やってみながら学ぶのが一番だ」というウィギンズらの発想と通底するものを感じます。やはり，実際に授業に応用してもらうのが，「逆向き設計」の意義を理解してもらう近道だといえましょう。その過程において，「本質的な問い」やパフォーマンス課題といった専門用語を学べば，その意義をより深く理解してもらえるはずです。

また，ウィギンズらがWHERETO（どこへ向かうのか）を強調していたことも大切です。たとえば，いきなり「逆向き設計をやりましょう」なんて言っても，「なぜ？（W）」という疑問がぬぐえません。惹きつけるような工夫（H）や，勉強会の流れ（O）を考えることが求められます。そこで勉強会の第一歩として，子どもたちの作品をもとにして話し合いながらルーブリックづくりをやってみるのも一案です。ルーブリックをつくる過程でパフォーマンス課題のイメージもつかめますし，それでしか見て取れない学びがあること，その評価が人によって違うこと，だからこそ話し合う必要があること，さらには目標をとらえなおして単元をつくる必要があることなど，さまざまな問題意識を共有できることでしょう。

Q ウィギンズらの言う「パフォーマンス・スタンダード」と「授業スタンダード」は違うんですか？

A 近年，各市町村教育委員会が「スタンダード」を作成する事例が増えています。これは，ウィギンズらの語るスタンダードと同じなのでしょうか。実にややこしいのですが，まったく異なる場合があります。それこそが，「授業スタンダード」として作成されている場合です。

ウィギンズらが語るところの「パフォーマンス・スタンダード」とは，どの程度うまく学業を成し遂げねばならないかを示すものであり，さらには，価値のある学業とは何でありどんな課題ができるようになるべきかを示すものです。学習の末に至ってほしい子どもたちの姿を表しているといってもいいでしょう。

一方で「授業スタンダード」は，〈めあてを黒板に書く⇒復唱する⇒一人で課題を考える⇒班ごとに意見を交換する⇒全体に発表する⇒まとめをノートに書く⇒振り返りをノートに書く〉というように特定の授業展開を推奨するものです。授業後の子どもたちの学習成果を表したものではありませんし，単元を貫く課題を考えるものでもありません。ウィギンズらが語る「パフォーマンス・スタンダード」とはこの点で異なります。

また，地域によっては「生徒指導スタンダード」というようなものが存在する場合もあります。定刻には席についていることや，授業中は姿勢を正すことを推奨するものです。これもまた，授業中の規律を定めたものであり，これを通じてどのような力を身につけてほしいのかは曖昧です。ウィギンズらの語るスタンダードは，あくまで学習内容と関連して身につけてほしい力を示すものなのです。

Q 「逆向き設計」でカリキュラムが用意されていない場合，どうすればいいのでしょうか？

A 『UbD 訳本』第12章で示されているカリキュラムは，市町村単位や学校単位で定めるべきものであって，一教師が定める範囲を逸脱しています。多くの学年の教師が知恵を集めて作成することができれば有意義ですが，そのような動きが学校に見られない場合，どうすればいいのでしょうか。

簡単にできるのは，最終学年を受け持ったときのことを思い起こしたり，今の6年生たちの姿を見たりすることです。「逆向き設計」によるカリキュラム編成の意義は，とどのつまり「学校を卒業するときにどんな人間になっていてほしいですか？　その姿に各学年・各教科の学びがどのように寄与していますか？」ということに尽きます。ですから，最終学年の指導で大切にしたいことを，下の学年から繰り返し伝えていくことを意識すればよいのです。もちろん発達段階を考慮して提示の仕方は異なってくるでしょう。

もうひとつできることは，各学年で扱ったパフォーマンス課題を蓄積していくことです。初めから全学年の課題を考えることは大変です。それでも，たとえば1年に1つずつでもパフォーマンス課題を行えば，5年で5つの課題ができるわけです。もし協力してくれる先生がいれば，その数はいっそう増えます。5年後にそれらを比較し検討すれば，その学校独自の学びの連続性が浮かび上がるかもしれません。繰り返し現れる重大な観念も見いだせるでしょう。まずは1つからでも取り組みを始めることが大切なのです。

第2章

『理解をもたらす
カリキュラム設計』
を活かす

「逆向き設計」論を核とした本田小学校の校内研究

銭本三千宏

「教えたはず」に陥らないよう「理解をもたらす指導」に挑戦した。アイディア（ゴール）を指導案に書いたところで価値はない。子どもが学びに没頭したとき初めて価値になる。

1 本田小学校について

　筆者は，2010年に第33代校長として本田小学校（ほんでん）に着任した。「21世紀で活躍する子どもの学びに責任をもつ」ことを使命として教職員とともに教育活動を展開している。2013年度より大阪市教育委員会「学校教育ICT活用事業」の先進的研究推進校として実践を積み，2015年には日本教育工学協会学校情報化先進校に認定され，現在も研究は続いている。

　教員は32名中21名が39歳以下。経験の浅い教員が多いが，子ども自らが「やりとげる力，つなげる力，支える力」を培えるよう研究に取り組んできた。子どもがICTを効果的に活用し，活発に意見交流をしている姿に各方面から高い評価をいただいた。しかし，学習指導要領がめざす「資質・能力」が育つカリキュラムになっているか，「教科の本質に根ざした価値のある学び・授業」が展開されているかという問題意識がさらに浮かび上がってきた。そんなとき，『UbD訳本』に出合った。

2 真正の校内研究をめざして

　Back to basic。「教えるという営みの基本に帰ろう」という意味である。オランダの教育学者ガート・ビースタが指摘しているように，さまざまな教育改革のなかで「指導から支援が重要」というドクサ（臆見（おくけん））が教師の世界に流布し，教師を「壇上にいる賢人」と揶揄し，「子ども

の傍らにいる支援者」にし，さらには「子どもの後ろにいる仲間」にさえしてしまってはいないだろうか。「子どもの主体性」という印籠の前で指導をこまねいていないだろうか。

　教師の本分は「教科の本質」を見いだし，「教科本来の魅力」に出合わせ，教材と子ども，教師の間で対話を起こし，子どものなかに「真正の主体性」を生み出すことである。「指導の復権」，これが「真正の校内研究」である。

　一方，子どもに汎用的なスキルを届けられる授業をめざしているだろうか。「資質・能力」を育むカリキュラム設計ができているだろうか。このようなトレンドの課題も立ちはだかっている。原点に戻って，教育の専門家として「教科の本質を見いだす『見方・考え方』を鍛え直したい。

　「双子の過ち」に陥ることなく教科書をなぞる勉強から脱却し，教師自身がワクワクする心でカリキュラムを設計し，子どもが社会で生き働く「資質・能力」を身につけることができる「真正の学び」のための研究の一歩を踏み出したい。2018年1月25日，本校の教員の熱意から『UbD訳本』の輪読会がスタートした。

　全10回にわたり自らの実践を絡み合わせながら内容を把握していった。本書には1980〜90年代のブルームやブルーナーのトピックが各章の始めに効果的に示されている。ただ，私たち教師にとって心理学のバックボーンが弱かったため，なかなか読解しにくい面があった。

　しかし，読み進めるうちに「学習とは子どもが知識を構成していく過程である」こと，「知っ

ていることは理解していることではない」こと，だから，「もう一度『理解の6側面』をもとに授業やカリキュラムを見直す必要がある」こと，「ゴールから『逆向き』に学びを設計することによって，積み上げ方式による教えたはず，学んだはずに陥らないよう評価規準やルーブリックを考える」こと，そして「学習計画のなかには，子どもが学習経験や知識を使って夢中に取り組めるようなパフォーマンス課題を設定し，真正な学びを保障する」ことが大切であることを共通理解していった。

　ゴールから逆向きに学習内容を設計する方法は，すでに運動会や音楽会，学芸会などの行事で経験している。それは，緻密に計画し，高い熱量で実践する教師の本音の世界である。それゆえ，「逆向き設計」は成果を上げるためには効果的な考え方であるとすぐ理解できた。子どもが本物の学びを経験するためには教科学習でも「逆向き設計」の考えで取り組むと有効ではないかと考えた。さらに，「真正の学び」に接近するためには「子どもが自ら学びに活かすことができる評価」「授業改善やカリキュラム改善に活かす評価」も大切であると『UbD訳本』から学んだ。

　読書会を終え，実際にカリキュラム設計，授業づくりに取り組むことになった。

3　教師の「強み」を活かした協働を

　指導案の作成時，学習単元だけの教材分析・教材研究では不十分であることを痛感した。教科全体の構造を理解しなければ，各教科が求めている「永続的理解」と単元を貫く「本質的な問い」が見えてこない。単元構成をする際，「本質的な問い」をベースに「ゆさぶり」や「概念崩し」などを通して，いわゆる腑に落ちるともいえる「看破」につながる学習を設計しなければ

ばならないことを実感した。とくに経験年数の少ない教員は苦戦した。一人で指導案を作成するのは困難を伴う。学年部会，教科部会の他に課題意識別のさまざまなネットワークが生まれ，指導案の作成では教師の「強み（専門分野）」を活かした主体的・対話的な学びが起こった。

　苦戦したのは，「永続的理解」と「本質的な問い」の設定。それに呼応した「ルーブリック」の作成であった。「本質的な問い」は入れ子構造になっているが，カリキュラム研究の経験が少なかった私たちにとって実際の指導案を作成する段階で包括的な「本質的な問い」と単元ごとの「本質的な問い」の整理には手間取った。「本質的な問い」には「概念理解（考え方の見通し等）の問い」と「方法論（方法の見通し等）の問い」があるが，それらを整理しきれず，単元ごとの「本質的な問い」を主発問に落とし込むのに時間がかかったこともあった。「為すことにより学ぶ」ことを私たち自身が体験した。

　指導案は「学習の標本」である。学級にはさまざまな個性や特性をもった子どもが在籍している。子どもが心を弾ませて学びに向かえるようにするために，一人ひとりの学習内容への関心度，探究心，「弱みと強み」をふまえて「学習の標本」を「授業」へと生き返らせることが必要である。とくに特別支援を要する子どもに合理的配慮を行う場合，「永続的理解」と「本質的な問い」は担任と支援担当者が学習計画を立てる段階で共通理解をし，パフォーマンス課題に子どものもち味を活かして取り組めるように配慮した。

　434ページもの『UbD訳本』をもとに教育実践をすることができたのは教員がフラットな関係で，さまざまな課題につねに関心をもち，柔軟に思考を変化させ，お互いにシナジー効果を発揮しているからである。以下の実践例も多くの教員が関わったことを記しておきたい。

本田小学校における研究概要

流田賢一

長期計画を立て段階的に理論を学びながら，小学校の実践に「逆向き設計」論を取り入れた指導を研究した。そのための手立てとして，指導案テンプレート，検討会，振り返り（カード）の工夫を行い，実践を積み重ねてきた。

1 「逆向き設計」論を取り入れた校内研究の長期・短期計画

（1）長期の研究計画（3年間）

　本校の 2016 ～ 2018（平成 28 ～ 30）年度の研究テーマは，「ともにまなび，おもいをひらく子どもを育てる」である。研究テーマ設定に関わり，子どもに育成したい汎用的能力を校内で議論したところコミュニケーション力育成の必要性が共通理解された。コミュニケーションをするためには考えを表現する必要がある。この表現をパフォーマンスとしてとらえることとした。

研究テーマ

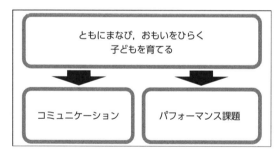

　また，副題は「系統指導による指導と評価の研究」である。教科の本質を理解するためには，教師が系統を意識して指導する必要がある。「逆向き設計」論では「ゴールに向けたカリキュラム設計」が重要視されている。そのため，本校の研究に「逆向き設計」論を取り入れることとした。

　「逆向き設計」論に関しては，複数のキーワードがある。校内で研究ベースにのせるためには，

一度にすべてのことを実践することは不可能であると考えられた。そのため，3 年計画を立てた。キーワードは次のとおりである。

- ・2016 年度　「本質的な問い」，「永続的理解」
- ・2017 年度　パフォーマンス課題を追加
- ・2018 年度　ルーブリックを追加

研究テーマ

（2）短期の研究計画（単年度）

　単年度では，年間を通して理論と実践をつなげることを目的に研修計画を立てた。

　まずは，その年の研究に関わるキーワードについて理論研修会を 4 月に実施し，研究の年間計画を学校全体で共通理解した。その後，各学年で校内研究授業を実施したため，年間 6 本の授業から学ぶことができた。校内研では毎回，指導助言者を招聘した。授業前の指導案検討で出てきた疑問点は，指導助言者である大学教員に事前に伝え，授業後の討議会で理解を深められるようにした。また，毎回の授業後の大学教員による講演は，研究計画に沿った内容となるように事前事後の連携を行った。

2 「逆向き設計」論を取り入れた校内研究 授業の進め方

（1）指導案テンプレート

指導案テンプレートとして，E.FORUM全国スクールリーダー育成研修（京都大学）で提案された形式を活用した。ただし，「学習指導要領との関連内容」欄は「見方・考え方」欄に変更した。これは，各教科・領域の目標を考えるための視点として意識するためである。

利点は，評価の2つの観点（「主体的に学習に取り組む態度」と「思考・判断・表現」）と，重点目標（「本質的な問い」，「永続的理解」）およびパフォーマンス課題との関連について，教師が意識しやすくなることである。

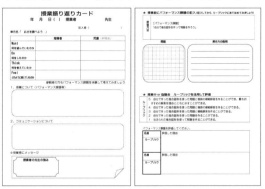

※第3節以降では一部省略して掲載。

上記の指導案テンプレートのなかにはないが，単元構成を考える際にWHERETOを意識した。次ページ以降のWHERETOの表には，第1章第5節のW（Where, Why），H（Hook, Hold），E（Explore, Experience, Enable, Equip），R（Reflect, Rethink, Revise），E2

（Evaluate），T（Tailor），O（Organize）の頭文字で説明している。

（2）指導案検討会

指導案検討会は，研究授業ごとに2回実施した。1回目は，該当教科の全学年の教科書を持ち寄り指導の系統を明らかにした後，重点目標およびパフォーマンス課題を検討した。2回目は，パフォーマンス課題を含む本時の計画を話し合った。

（3）授業までに

研究授業を振り返るための振り返りカードを充実させ，授業日までに参観者もパフォーマンス課題に取り組めるようにした。授業を第三者的に参観するのではなく，授業に参加しながら主体者として考えられるように工夫した。

（4）授業後の討議会

授業者の振り返りの後，パフォーマンス課題とルーブリックを検討するために複数の子どものパフォーマンスを共有した。討議会の場でルーブリックを用いて評価を行い，課題やルーブリックが妥当であったかを子どもの姿から検討した。

以上のように，「逆向き設計」論を小学校の実践に取り入れるためにどうしたらいいのか，研究するためにどのような手立てがあるのかを試行錯誤してきた。

国語科

第3節

意見文を書こう「イースター島にはなぜ森林がないのか」
説明文の「読むこと」と「書くこと」領域を関連づけて［第6学年］

流田賢一

1 単元構想

　国語科は言語活動を通して「資質・能力」の育成をめざす教科であるとされている。小学校のうちから，子どもたちが社会に出たときに求められるような，意見文や報告文，説明文といった実用的文章を書く力を育てたいと考えている。ここで注意したいのは，たんに子どもが「書く」という言語活動を行うこと自体を目的とする活動主義に陥らないようにすることである。

　ただし，「書くこと」は，子どもが苦手意識をもちやすい，ハードルが高い活動ともいえる。書く方法や書く内容がわからず進まない子どももいる。そこで，本実践では，環境問題を扱った6年生の説明文「イースター島にはなぜ森林がないのか」を主な学習材としつつ，ほかにも複数の説明文を並行して読み進め，読み手と書き手を行き来できるように単元を構成した。その際，「本質的な問い」を「意見を相手に納得させるためには，どのように伝えたらいいのか」とし，説明文を読む際に筆者が工夫している説明文の構成や内容に焦点を合わせて読み取れるようにした。それを通じて，「永続的理解」として，相手を説得させるためには双括型の構成がよいことや譲歩構文などの相手の立場に立った表現方法があることなどを理解させたいと考えた。

　「パフォーマンス課題」としては，「学習した説明文の筆者に，環境問題についての意見文を書いて読んでもらおう」と伝えた。「パフォーマンス課題」を，「学習した説明文の筆者に意見文を書く」とすることで，書く相手を意識できるようにした。

国語科の領域

『UbD訳本』から学んだこと

　「評価が変われば授業が変わる」
　「逆向き設計」論は評価を最初に設定することが特徴だ。
　授業設計のはじめに評価を設定することで，「永続的理解」をもとに学習内容は何か，そして，どのように学習内容を構成すればいいのか，と考えるようになった。

　授業設計が変われば，実際の授業も変化する。すると教師だけでなく，子どもも学ぶことを意識して学習を展開した。これは，子どもの授業へ向かう姿勢を変化させることにつながった。これらの変化は，子どもが自らの学びを振り返る際に大いに役立った。評価を変えることで授業は大きく変化した。

64　第2章　『理解をもたらすカリキュラム設計』を活かす

表 2 - 3 - 1　国語科　学習指導案

1 単元名	**単元名**：意見文を書こう「イースター島にはなぜ森林がないのか」	
	「見方・考え方」 自分の思いや考えを深めるため，対象と言葉，言葉と言葉の関係を，言葉の意味，働き，使い方等に着目してとらえ，その関係性を問い直して意味づけること。	
2 単元目標	**単元目標** ・事実と意見との関係に注意しながら文章を読み，文章に対する自分の考えを表現することができる。 ・文章を読んで筆者の述べたいことの中心をつかみ，それに対する自分の考えを書いて読み合う活動を通して事実と意見，読者を説得するための論の進め方の工夫をとらえる。	

観点別評価規準

（主体的に学習に取り組む態度） 興味をもって文章を読み，筆者の主張に対する自分の意見を進んで出そうとしている。	（思考・判断・表現） ・事実と意見との関係に注意して，自分の考えを明確にしながら筆者の主張を読み取っている。 ・文章を読んで考えたことを発表し合い，自分の考えを広げたり深めたりしている。 ・書いた文章が自分の考えを明確に表したものであるかについて，表現の効果を確認したり工夫したりしている。	（知識・技能） 文章を読み，筆者が説明に用いている文や文章の構成について理解している。
【重点目標】 **「本質的な問い」** 意見を相手に納得させるためには，どのように伝えたらいいのか？ **「永続的理解」** ・相手を納得させるためには，文章構成を工夫して伝える必要がある。文章構成のうち，双括型は説得型の構成である。 ・意見文の構成に意見とその反例を入れることで，相手を説得することができる。 ・相手が納得するためには，相手が理解しやすい具体例を入れる必要がある。		**【知識・技能】** ・意見文の構成（意見―その理由―反例―その理由―意見） ・双括型の文章構成 ・要旨をとらえる ・推敲

3 評価方法	**【パフォーマンス課題】** 現代の課題として環境問題があります。森林破壊について述べている説明文「イースター島にはなぜ森林がないのか」を読み，相手を説得できるように文章構成を工夫し，環境問題に対する自分の意見を書きましょう。意見文の構成は，学習したものを参考にして効果的なものを考えます。そして，ほかの説明文やインターネット，本などから情報を得て，意見文に生かしましょう。なお，完成した意見文は，説明文の筆者に読んでもらいます。	**【その他の評価方法】** ・授業ノートに記述している納得度とその理由 ・授業のまとめ ・振り返り

2 単元の流れと授業の様子

（1）【第1～2時】構成をとらえる

　説明文に対して意見をもつためには，筆者の主張，要旨をとらえることが不可欠である。そのため導入で説明文の構成をとらえて，説明文への感想をもつ学習をした。その感想をもとに説明文の納得度をパーセントで示すように求め，その理由を書かせた（右図）。子どもたちは低学年中学年で行われてきた環境問題の学習の知識も生かして理由を書いていた。

（2）【第3時】「パフォーマンス課題」を伝える

　説明文の内容を整理し，意見をもてるようになったことで，子どもに意見文を書くための土台ができた。このように環境問題についての既有の知識を活用して，筆者の主張に意見をもちはじめた段階で「パフォーマンス課題」を子ど

子どもが書いた納得度とその理由

　「イースター島にはなぜ森林がないのか」を読んで納得度と理由を書こう。

　納得度は80%です。理由は二つあります。一つ目の理由は、イースター島に上陸して生活を始めた人々が森林が納得するからです。それは、木を切り倒して丸木船を作ってサメなどの大きな魚をとらえたり、モアイ像を運ぶために使ったりして昔の人の行動がよく分かったからです。二つ目の理由は、筆者の主張です。27段落の二つ目の文の「今後の人類が「子孫に深く思いをめぐらす」の意味が納得できたからです。文化を早急に築けるかどうかにかかっているのではないだろうか」のところの…（中略）…確かに、ポリネシア人が子孫のことを考え行動すれば食糧不足にはならなかったと思います。なぜなら、ポリネシア人が木を切り倒す本数を考えずに丸木船を作るから材木がなくなり、魚や海鳥をとることもできなくなって食糧不足になって人口が三分の一に減ったので人類の存続は子孫に思いをめぐらすことだと納得したからです。残りの20%に関しては、どうしてあんなに大きいモアイ像を作ったのか分からないからです。祖先を敬うために作ったのなら、もう少し小さくしたら運ぶために使う木材の本数も減ったのになと思います。でも、半分以上は納得できるので80%にしました。

もに伝えた。"書きたい""書けそう"という内容を子どもがもててから課題を伝えたのは，

表2-3-2　単元の構成（◇は「読むこと」，◆は「書くこと」に関わる学習）

時間	学習活動	WHERETO の視点	
1	◇ 説明文「イースター島にはなぜ森林がないのか」の構成をとらえる ◆ 説明文の感想を書く	O	全体を通じて読み手と書き手を行き来しながら，意見文の書き方を子どもたちが探究できるように単元を構成した。
2	◇ はじめ・中を読む ◆ 納得度と理由を書く		
3	◇ 終わりと結論を読む ◇ 要旨をまとめる ◆ 納得度と理由を書く	W H	筆者に対して意見文を書くことを知る 現実の環境問題について考え，筆者に対して意見文を書く。
4	◇ 説明文「未来に生かす自然のエネルギー」を読む ◆ 意見文を書くために調べる	H E	環境問題の説明文を読み，環境問題への問題意識をもつ。 意見文を書くための材料を集める。
5	◇ 説明文「生き物は円柱形」で意見文の構成を学ぶ ◆ 意見文を書く	E T	意見文の書き方を説明文から学び，真似して表現できるようにする。 個人に応じたワークシートの活用をする。
6	◆ 意見文を読み合う ◆ アドバイスをもらって推敲する ・振り返りを書く	R E2	互いの意見文を読み合い推敲する。 相互評価をもとに文を振り返る，単元で身についた力を記述し学びを振り返る。

書くことに対して，ハードルが高い子どもがいたためである。意見をもつことができているので，「筆者に意見文を書こう」という課題に対しても，子どもたちは，書けるかもしれないという気持ちになっていた。

ここで，書けるという見通しをもったことで子どもたちは表現方法に注目するようになった。次時からは，意見文の内容と書き方（構成）を学習することになった。

今までは，読み手として説明文を読んでいたが，課題をもてた後は書き手として表現方法に着目して説明文を見る目をもつことができた。このように，読むことと書くことを並行して繰り返して書く学習に取り入れることにより，読み手としての関わりから，書き手として文章を吟味するという単元計画とした。

（3）【第4時】環境に関わる説明文を読む

環境問題についての意見文を書くにあたって，まず環境問題を扱った説明文を読むことにした。この説明文は，「持続可能社会」の実現のために「使い切りエネルギー源」の利用から「再生可能エネルギー源」の利用に切りかえるべきことや小さなことからでも身近な生活で実行していくことの大切さを主張している。平和で安定した社会を次の世代につないでいくことが使命であるという主張は，学習している説明文の主張とも重なる内容である。

この時間は，読み手を納得させるための工夫を読み取った。この説明文の工夫は，構成が双括型で書かれていることや具体的な数値を入れて化石燃料の余命を説明している点にある。この学習の後，身の回りの環境に目を向けてインターネットや本を活用して資料を集めた。自分の意見を支える理由をノートやワークシートにメモした。

（4）【第5時】意見文を書く

意見文を書くために，もう一つの説明文を並行して学習した。この説明文の構成は，意見—その理由—反例—その理由—意見である。聞いただけではすぐに納得できない「生き物は円柱形である」という筆者の意見でも反対意見や反例などを取り上げる譲歩構文を活用し主張していることで，納得して受け取れた。譲歩構文は意見をよりよく伝える方法であることや双括型は相手を説得する構成であることを学習した。第4時で学習した説明文にも譲歩構文があり，つなげて考えることができた。

意見文の構成をもとにして，自らの主張を展開した。この時間が「パフォーマンス課題」に取り組んだ時間であるため，次ページで詳しく解説する。

（5）【第6時】読み合い・推敲・振り返り

単元末には，互いに意見文を読み合い評価の観点にもとづいて感想を付箋に書いて交流した。

そして，「本質的な問い」に対しての答えをノートに記入した。振り返りのノートおよび以下の記述は，子どものノートからの抜粋である。

・自分が思ったことだけでなく，相手がどう受け取るかを考えながら書く。

・読み手がわかりやすいように具体例を書く。

・最初に例外を挙げて，相手の気持ちになって，その後に自分の意見を書く。

・双括型にして，主張をはじめと終わりに書く。

このようにして完成した意見文は実際に筆者のもとに送り届けた。

振り返りのノート

振り返り
相手に自分の意見を納得させるためにはどのようにすれば伝わるのか・うまくそこまで例えたら出ていいのか・その例外が出ている人の目線になって考える。自分の持論を納得していない人のことを納得させる。反対の意見もうまく取り入れながら自分が納得させる。

3 第5時の授業の様子──意見文を書く

（1）意見文の構成を確認する

　授業の冒頭で，今回の意見文の構成は，学習した説明文を参考にし，「意見─その理由─反例─その理由─意見」という流れの双括型で，基本5段落構成で書くことを確認した。

意見文の5段落構成（高学年）

5	4	3	2	1
意見	その理由	反例	その理由	意見

（2）意見を決めて，ペアで伝え合う

　意見文の目的は相手に自分の意見を納得して受け取ってもらうことである。最初から原稿用紙に向かって書く活動を行うことは子どもたちにとって困難であると考えられたため，まずは，鉛筆を握るのではなく，ペアで話す活動を取り入れた。話す内容は，自分の意見と，それを支える理由である。ただし，たんにその2つを話すだけになると，後から書く文章の各段落が1文で構成された要点だけの意見文になってしまう。そこで，話し合いの途中でもう一度「パフォーマンス課題」を確認し，相手に納得して受け取ってもらうためにどう伝えるのかを考えて，再度ペアで話す時間を設定した。この活動により，子どもたちは相手からアドバイスが得られ，書く内容を具体的にイメージして考えることができた。

　この話し合いにあたっては，右ページのルーブリックを子どもたちと共有し，互いのアドバイスの観点を明らかにしておいた。書くことの学習では，原稿用紙の枚数での評価を行うので

はなくルーブリックに示したもので評価を行うことを子どもと共有することにより，めざす方向を合致させることができた。

（3）意見文を書く

　ペアで話したことや，ノートに記述したことをもとにして意見文を原稿用紙に記述していった。

　意見文のタイトルには，「一人の大切さ」「一人の意識が未来のため」「時間はあまりない」「イースター島と日本」等があった。

子どもの書いた意見文

　完成したものは，次の時間に，ルーブリックにもとづく相互評価という形で読み合わせをして，アドバイスをもらって推敲する時間を設定した。また，自分の学びを振り返り，身についた力を整理することで自己評価を行うことができた。この振り返りで，子どもが，「永続的理解」の内容を身につけているかを確認できた。

［内容レベル3・構成レベル5の評価の作品］

　この作品（一人の意識が未来のため）は，意見と理由につながりがある。譲歩構文を活用し，違う意見をもつ相手のことも考えて意見文を書

68　第2章　『理解をもたらすカリキュラム設計』を活かす

表2-3-3　ルーブリック

レベル	内容 説得のための工夫	構成
5	意見と複数の理由につながりがあり、納得できる書き方の工夫がある。反例を書き、それに対する説得の文を書いている。	意見文の構成（話題提示―意見―その理由―反例―その理由―意見）で書かれており、問いかけ等の技法を使っている。
4	意見と複数の理由につながりがある。反例を書き、それに対する説得の文を書いている。	意見文の構成（話題提示―意見―その理由―反例―その理由―意見）で書かれている。
3	意見と理由のつながりがある。反例を書き、それに対する説得の文を書いている。	意見文の構成（意見―その理由―反例―その理由―意見）で書かれている。
2	意見と理由のつながりがある。反例を書いているが説得の内容が不十分である。	意見文の構成（意見―その理由―反例―その理由―意見）が1項目不十分である。
1	意見と理由のつながりが不十分である。反例を書いているが説得の内容が不十分である。	意見文の構成（意見―その理由―反例―その理由―意見）が2項目以上不十分である。

くことができている。ただし、相手を納得させるための工夫として数値が入っていないことや理由を複数記述できてはいないため、内容レベルは3とした。

　構成については、5段落構成で書かれており、双括型である。話題提示や問いかけの文もあるため、構成レベルは5とした。

　今回の取り組みでは、「パフォーマンス課題」を伝えるタイミングを工夫したり、読み手と書き手を行き来しながら学習をすすめられるようにしたりしたことで、子どもたちが書くことに対して苦手意識を強く感じることなく、取り組むことができていた。授業後の振り返りには、ねらいとしていた「永続的理解」に関する内容が多く記述されていた。

　一方、構成のルーブリックは中身がチェックリストのようであった。今後、ルーブリックとチェックリストの使い分けを考えていきたい。

内容レベル3・構成レベル5の評価の作品

一人の意識が未来のため

　あなたは、イースター島以外でも森林が減少していることや、これからの子孫の幸せについて深く考えたことはないのではないか。しかし、心の奥底には入れておかなければならない重要な問題である。だから、「人類の存続のために子孫の幸せを願い生活する」という筆者鷲谷いづみ氏の主張に、わたしは賛成する。

　なぜなら、あなたは森林がある環境で育ち、生活しているが、あなたの子孫は森林がある環境で育ち生活していけるか疑問を感じるからである。このまま一人一人が意識しないで、森林減少もそんなに驚くことでもない。それを防ぐには、一人一人が自分勝手に森林を伐採せず、これからの子孫のことについて考えなければならない。

　しかし、あなたも考えただろう。今、世界や日本、そして自分が住んでいる場所には森林が残っているから別に大丈夫だろう。わたしは森林伐採に関係ないと……。でも、森林があるから大丈夫など、子孫のことを考えず、自分さえ良ければどうでもいいというような考えはやめるべきである。一人一人が今どうしていけば良いのかを考え行動に移していく必要がある。それは、このような考えがある人が数人いれば、地球温暖化防止につながる森林保護の可能性を奪うことにつながりかねないからだ。一人一人が自分さえ良ければどうでもいいと、こんな考えがある人は、子孫のことを考えず、現代を生きる自分には関係ないと逃げ出すような考えはやめるべきである。

　現状を理解し、身近にできる節電や節水など身近な生活でできることを積み重ねることが、森林の減少を食い止め、地球温暖化を防ぎ、子孫の幸せな未来につながるのである。

4 他の学年での実践と学年を通した系統

（1）第4学年　自分の考えをつたえるには（書くこと）

中学年でも，意見文を書く学習がある。その学習での「永続的理解」では，「はじめ－中－終わりの双括型」で書くと相手に伝わりやすいことや，理由を複数挙げること，ナンバリング（1つめは，2つめは，3つめは）や接続語（まず，次に，最後に）を活用した書き方の工夫があることを理解させたいと考えている。これらを探究するための「本質的な問い」は，「調べたことや意見を相手に伝えるためには，どのように工夫して書いたらいいのか？」が考えられる。

双括型の意見文の構成（中学年）

終わり	中	はじめ
意見	理由	意見

中学年は子どもたちに身近な話題として，「ハイキングに行くなら，春と秋のどちらがいいか」のような選択式の課題が挙げられる。

以下は，「パフォーマンス課題」として，「夏休みに遊びに行くなら，山と海のどちらがいいか」を例として記述する。

（2）学習の流れ

① 話題をたしかめて，自分の考えを決める。
② 自分の考えと理由を書き出す。
③ 自分の考えがはっきりと伝わるように，組み立てを考える。
④ 自分の考えを伝える文章を書く。
⑤ 友達と読み合って，感想を伝え合う。

はじめに話題を提示し，「山がいい」「海がいい」などの自分の考えを決める。

理由の書き方については，相手に伝えるための工夫としてナンバリングと接続語の使い方を吟味できるように見本文を例示する。また，理由が複数ある場合と1つしかない場合を比べて考える場面を設定することで，自分の意見の伝わり方が違うことを実感できるであろう。

意見と理由を考えられたら，下の例のように組み立てを考えて意見文を書くというパフォーマンス課題に取り組めるようになる。

意見文（中学年）の例

わたしは、夏休みに遊びに行くなら「山がいい」と思います。その理由は二つあります。一つ目は、山には高い所があり、遠くまで見える景色がとてもきれいだからです。二つ目は、山には植物や虫がたくさんいて、植物や虫を見つけることができるからです。小さな海が見えたり、自動車から見る景色も、町の家や学校の近くでは見られない気持ちになります。だから、わたしは夏休みに遊びに行くなら山のほうがいいと思います。

高学年と同じで，観点としては「内容の書き方の工夫」，「文章の構成」で評価することができる。理由を複数挙げ，ナンバリングや接続語を活用した書き方になっているかを評価する「内容」のルーブリック，「はじめ－中－終わり」の双括型の構成になっているかを評価する「構成」のチェックリストとして評価できるだろう。

これらを子どもたちと共有し意識して学習することにより，中学年の意見文の「永続的理解」に向かう学習が展開できるだろう。

国語科では，右上の表2-3-4にみるように，「本質的な問い」として「どのように書いたらいいのか？」「どのように伝えたらいいのか？」

表 2 - 3 - 4　各学年の「書くこと」領域の系統表（説明文を中心に）

	第1学年および第2学年	第3学年および第4学年	第5学年および第6学年
「本質的な問い」	わかったことや知ったことを相手に伝えるためには，どのように書いたらいいのか？	調べたことや意見を相手に伝えるためには，どのように工夫して書いたらいいのか？	意見を相手に納得させるためには，どのように伝えたらいいのか？
「永続的理解」をしていると考えられる子どもの姿	経験したことや想像したことなどについて，順序を整理し，簡単な構成を考えて文章を書くことができる。その際，時間の順序や手順に沿って記述したり，手本の文章を参考にして真似したりして書いている。	相手や目的に応じ，調べたことなどが伝わるように，段落相互の関係などに注意して文章を書くことができる。その際，内容のまとまりを意識した構成にしたり，考えと理由を明確にしたりするなどの工夫をしながら書いている。	目的や意図に応じ，考えたことなどを文章全体の構成の効果を考えて文章に書くことができる。その際，相手を納得させるための構成や反例等を用いた内容，自分の考えが伝わる資料，意見と理由の区別などをして適切に書いている。
パフォーマンス課題の例	学校や町のなかで見つけたおもしろいなと思ったことを友達に伝えます。どんなものを見つけたのかが友達にもわかるように，詳しく説明をしてください。文章の組み立ては，はじめ（知らせたいこと），中（詳しい説明），終わり（まとめ）で書きます。友達やおうちの人からアドバイスをもらって，思ったことを伝えられるようにしましょう。	地域にはたくさんの仕事があり，社会科見学でも，多くの方に出会いました。おうちの方に，自分が調べたいと思った仕事についてまとめて伝えましょう。調べる方法は，インタビューや本，インターネットです。書く内容は，調べたきっかけ（理由）―調べ方―わかったこと―まとめです。写真も入れて仕事が伝わるような文章にしましょう。	委員会活動をして1年が経ちました。来年の4月から委員会活動を始める4年生に活動内容を説明するためのリーフレットを資料（写真やイラスト等）と文章で作成しましょう。委員会の活動内容を取材し，伝える順番を意識してまとめていきましょう。互いに推敲をして4年生に伝わるリーフレットに仕上げてください。
	・報告文 ・観察（記録）文 ・紹介文 ・説明文 ・体験報告文	・調査報告文 ・説明・報告文 ・意見文 ・新聞	・活動報告文 ・説明・報告文 ・推薦文 ・意見文 ・解説文

といった問いを立てた場合，「永続的理解」において，「○○に関わる知識・技能を網羅・列挙する」ということにならないように，「永続的理解」をしていると考えられる子どもの姿として記述した。

食料生産を支える人々

生産者・消費者の視点を意識した学習 ［第5学年］

清水麻衣

1 単元構想

　私たちは学習内容が子どもたちの生活に結びついていくことを意識し，計画を立て内容を精査していく。しかし，学級の子どもと学習するなかで，その場限りの学習になっていることが見えてきた。これでは，「永続的理解」につながっていない。そこで，子どもたちにとってより身近に感じられる食料について扱う本単元で「逆向き設計」の実践をすることにした。

　子どもたちにとって毎日の食事は当たり前で，食料について関心をもっている子どもは少なかった。そこで，米の種類や国内産・外国産の違いについて聞くなど，食料について考える時間をもち，子どもたちから出た疑問を解決していくような学習計画を立てた。

　本単元では，私たちの食料生産が，自然環境を生かした土地利用，生産者の工夫や努力など

によって支えられていることを知り，これからの食料生産について考えることをねらいとした。単元を「米づくりのさかんな地域」「水産業のさかんな地域」「これからの食料生産」の3つの小単元で構成し，それぞれで，「食料生産を支える人々はどのような工夫や努力をしているのだろう」という「本質的な問い」を子どもたちに投げかけた。そうすることで，生産者の工夫や努力には，消費者である私たちの存在が関係していることに気づき，自分たちの生活と食料生産をつなげて考えられるようにした。

　また，米づくりだけでなく水産業にも同じような思いがあるという関連性に気づけるように，「食料生産を支える人々は，どのような工夫や努力をしているのかプレゼンテーションにまとめ発表する」ことを「パフォーマンス課題」にし，それぞれを比較しつつまとめるようにした。

『UbD訳本』から学んだこと

「見通しをもって学習する」

　これまで，教科書にある内容を順番に学習し，最後に新聞やプレゼンテーション，ノートまとめなどをしてまとめるという学習方法をとってきた。しかし，この方法では，子どもたちは何のために学習しているのか見通しが立たず，学ぶ意欲を持続させることができていなかった。しかし，導入時にパフォーマ

ンス課題を提示することで，子どもたちが課題に向けてどんなことを学びたいか，知りたいかを意識することができ，学びの質を高めることができる。課題と評価を示すことにより，やりたいことが明確になり，子どもたちにとっても教師にとっても授業の内容がわかりやすいものになっていくと感じた。

表 2 - 4 - 1　社会科 学習指導案

1 単元名	単元名：食料生産を支える人々
	「見方・考え方」 社会的事象を，位置や空間的な広がりに着目してとらえ，環境条件や地域間の結びつきなど，地域という枠組みのなかで，人間の営みと関連づけること。
2 単元目標	単元目標 ・わたしたちの食料生産は，生産に携わる人々のいろいろな工夫や努力によって支えられていることをとらえることができる。 ・生産されている地域の位置や自然環境の特性を知り，なぜその地域で生産されているのか生産物と関連づけて考えることができる。 ・日常生活での出来事に対し関心をもち，それらの出来事は自分にも関わりのあることだと気づいて関わろうとする態度を養う。

観点別評価規準

（主体的に学習に取り組む態度） 自分たちが食べているものがどこでどのように作られているのか関心をもち，意欲的に調べようとしている。	（思考・判断・表現） ・米づくりや水産業のさかんな地域の特色や生産者の工夫や努力について学習問題を設定し，表現している。 ・環境や安全に配慮したり，伝統的な生産方法を続けたり，生産者の思いを考えている。	（知識・技能） ・生産者の工夫や努力をグラフや写真などから読み取り，まとめることができる。 ・日本の食料生産には，どのような課題があるのかとらえている。
【重点目標】 「本質的な問い」 食料生産を支える人々は，どのような工夫や努力をしているのか？		【知識・技能】 ・地形や気候と生産物の関連 ・米づくりの過程 ・無農薬と化学肥料や農薬栽培 ・農業機械と作業効率 ・生産量の変化と生産調整 ・品種改良による新種開発 ・漁の仕方 ・トレーサビリティの提示 ・食料自給率の低下と安定した食料確保 ・輸入と輸出のバランス
「永続的理解」 どのような産業にも，地域に応じた取り組みや効率よく作業を行うための工夫，消費者の願いを実現させるための努力がある。それらは作り手の一方的な思いだけでなく，受け取る側の思いに応えるものでもある。将来，自分たちも自分の思いだけでなく，相手のニーズに合わせて仕事を行うことが大切である。		

3 評価方法	【パフォーマンス課題】 食料生産を支える人々はどのような工夫や努力をしているのかプレゼンテーションにまとめて発表会をしましょう。	【その他の評価方法】 ・ノートの自分の考えや話し合いの観察 ・発表 ・評価テスト

2 単元の流れと授業の様子

この単元では，身近にある食料を通して，私たちの生活がどのように他者によって支えられているのかを知り，これからの生活に生かしていってほしいと考えた。そこで，日本人の主食であり身近に感じやすい米，その後に水産業という順番で学習計画を立てた。身近にある食料にはいろいろな種類があるが，そのすべてにおいて生産者の思いや消費者の思いが反映され作られたり，作業されたりしている。このことに気づきやすくするため，比較してまとめやすいプレゼンテーションを作らせることにした。学習をまとめるなかで，この単元だけでなく他の単元でも作る側，使う側などの立場があり，その立場には自分たちも入っていることや，それ

ぞれの立場での考えや思いがあることに気づき，転移できるようにしたいと考えた。

この単元は3つの小単元のつながりを意識して学習していくため，パフォーマンス課題は，単元導入時に提示する。このことで，見通しをもって学習することができる。「生産者の工夫や努力」という視点で学習していくなかでそこには消費者である自分たちの思いが大きく関わっていることを見つけ出していけるようにした。

（1）【第1～2時】単元の導入

自分たちがふだん食べている食材がどこから来ているのか知らなかったり，興味がなかったりする子どもも多くいたため，家にあるちらしを持ち寄り，食料ごとに切り抜いて産地マッ

表2-4-2　単元の構成

時間	学習活動	WHERETO の視点
1 2	【食料生産を支える人々】 ちらしを使って「産地マップ」を作り，分布の様子から気づいたことなどを話し合う。	W パフォーマンス課題を知り，見通しをもつ。 H 身近な食品の産地(海外など)や買い物の視点を意識し，興味をもつ。
3	『米づくりのさかんな地域』 工夫や努力マッピングをし，学習計画を立てる。	H 作業のことだけでなく，その時の思いについても触れていく。
4 ～ 6	米づくりの過程や地形，気候の関係から工夫を見つけたり，資料から作業時間や生産量の変化を読み取り，何のために行っているかを考えたりする。	E 土地の環境や時代の流れによる変化，現状などさまざまな視点から調べ，考えられるようにする。 T マッピングを活用し，自分らしく学習ができるようにする。 T グループごとに調べたい内容を選ぶ。 O 米づくりと水産業のつながりから食料生産について理解を深められるようにする。
7 8	農家が抱える課題や解決への取り組みを調べ，どのような思いで工夫や努力をしているか考える。	
9 ～ 14	『水産業のさかんな地域』 『米づくりのさかんな地域』の学習と同様の流れで進める。	
15 16	『これからの食料生産』 外国との関わり，食料の安定確保について考える。	
17 ～ 19	【パフォーマンス課題への取り組み】 3つの単元を通して携わる人々の工夫や努力について，プレゼンを作り，発表する。	E2 3つの単元を比較し，課題に取り組めるようにする。生産者だけでなく，消費者の視点も考えられるようにする。 R 相互評価をもとに修正する。

プを作成することにした。作成するなかで、食料が国内に広く分布されている様子や海外からきている様子もあることがわかり、自分たちの生活がこんなにも広い範囲で支えられていることに驚いていた。また、以前学習した各地の特産物と関係していることも見えてきた。ここから、私たちが主食とする米や、海外から輸入されることも多い魚がどのようにして私たちのもとにやってくるのか学習していくことにした。

ここでパフォーマンス課題を提示し、事実や作業過程だけではなく、食料生産を支える人々の思いに着目し、私たちとのつながりに気づいていけるように意識づけをした。

(2)【第3～8時】『米づくりのさかんな地域』

米づくりに携わる人々がどのような工夫や努力をしているのかについてマッピングをし、米づくりへの疑問を出して学習計画を立てた。

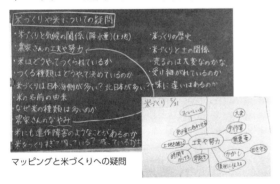
マッピングと米づくりへの疑問

このマッピングは、それぞれ個人でノートに書いておき、学習を進めるなかで毎時間書き足していった。そうすることで、単元のまとめをするときに、これまでどのような学習をしたのか一目でわかり、振り返りやすくなるからである。

地形や気候の関係、米づくりの過程、昔と今を比べた作業効率と生産量などについて調べ、毎時間、農家の人々の「工夫や努力」「思い」について考えるようにした。第4～7時の調べ学習では、それぞれの時間に調べたい内容をグ

ループに分かれて協力して調べ、タブレットやデジタル教科書を使って資料をスクリーンに映し出し、全体で共有するようにした。資料に書かれてあることを根拠として、なぜ農家の人々はそのようなことをしているのか、どのような思いがあったのかを毎時間考えるようにした。

学習を進めていくと、工夫や努力、思いが重なる場面が出てきて、マップが広がり、つながりがでてきた。第8時ではYチャートで思いを分類することで、消費者や生産者のつながり、持続可能な社会に向けての考え方などにも気づけていた。そのうえで、次ページのように農家の人々の思いを考えることができた。

(3)【第9～14時】『水産業のさかんな地域』

『米づくりのさかんな地域』と同じように学習を進めていった。漁業については、輸入品との価格競争や水産資源の減少などの課題についても触れ、これからのあり方についても考える機会を設けた。

(4)【第15～16時】『これからの食料生産』

米づくり、水産業の学習を関連づけ、食生活の変化と食料自給率について調べた。また、外国との競争や自然環境への影響、安心・安全なものへの信頼性などについても調べることで、これからの社会のあり方、自分たちにできることは何かを考えるきっかけとした。

(5)【第17～19時】まとめ

3つの単元を通して、食料生産を支える人々がどのような工夫や努力をしているのか、それは何のために、どのような思いでしているのかについてプレゼンテーションにまとめた。スライドの構成を①米づくり、②水産業、③これからの食料生産、④3つを通して感じたこと・わたしの思いと指定することでまとめやすくした。

（1）マッピングを振り返る

学習を進めるなかで完成させた個人の工夫や努力についてのマッピングを見て，農家の人々の「思い」に印をつけ,本時の学習問題「農家の人々はどのような思いで工夫や努力をしているのだろう」に迫れるようにした。

（2）自分の考えをグループ内で伝え合う

マッピングのなかから農家の人々の「思い」を選び，背景にある願いとともにグループの人に伝えた。同じ「思い」でも具体的な工夫や努力が違うこともあるからである。その際，なぜそう考えたのか資料もつけて伝えさせた。

（3）グループで2つの「思い」を選ぶ

いくつか出た意見のなかから，これまでの学習をふまえ，グループごとに2つの「思い」を選び，短冊に書いて黒板に張り出した。2つ選ぶということは，思いの強いもの，大切なものを選ぶということになる。なぜその2つにしたのかという理由をはっきりさせて，その後の全体交流に臨めるようにした。

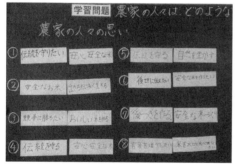
グループで考えた農家の人々の「思い」

（4）全体交流

短冊に書かれた「思い」を見て，意見を聞い

てみたいグループを選び，発表させた。発表を聞き，教師がYチャートを使い分類して短冊を張り直すことで，子どもたちにその分類の意図に気づかせた。いくつかのグループが発表したところで子どもたちもその意図に気づき，自分たちで分類しはじめた。Yチャートでは，【農家の人々の生活のため】【消費者のため】【自然を守るため】と分類した。あるグループの「自然を生かす」という意見は当初【自然を守る】に分類されていた。しかし，グループの考えは異なっており，農薬ではなくアイガモ農法で安全な米を作ることで自然を生かし，消費者を安心させることができると考え【消費者のため】に分類し直された。また，「競争に勝ちたい」という意見も，外国との競争に勝たなければ，田の面積を維持することができず，水田の雨水を蓄えて水害を防いだり，暑さをやわらげたりする役割を果たすことができなくなるという考えだったことから【農家の人々の生活】ではなく【自然を守る】に分類した。このように，何のためなのかについて，それぞれのグループでしっかりと考えられていた。

（5）考えを深める

いろいろな視点からの考えがあることを知り，これまでの学習を通して一番心に残った農家の人々の「思い」を考えた。また，そのうえでこれからの日本の農業はどうなっていくのか，どうなってほしいのかを書き，「思い」を考えて終わるのではなく，その先の社会に目を向け，自分たちの生活のあり方を考えられるようにした。

（子どものノートより）

・農業は，もっとたくさんの人がお米を食べて，やりがいのある仕事になってほしい。

・自然も農家の人々の生活も消費者もすべて守れるものであってほしい。

（6）評価について

　本時の学習は表2-4-3に示したような2段階の評価基準で行った。

［レベルSの評価の振り返り］

> 　農家の人々は安全な米づくりをしたいという思いがある。なぜなら63ページの㋕に「農薬は使いすぎると人の健康に悪い影響をおよぼす心配があります」と書いていて，そういうことが起きないように農薬をあまり使わず，ふん尿などを使う工夫をしているから。
> 　これから日本の農業は，自然も農家の人々の生活も消費者も何も悪くならないでほしい。

　「レベルSの評価の振り返り」では，教科書の資料から「人の健康に悪い影響をおよぼす」農薬について引用し，農薬ではなくふん尿などを使うことで消費者にとって安全な米作りをしていることを説明している。

［レベルAの評価の振り返り］

> 　農家の人々は，米づくりを守りたいという思いがある。米づくりを守れなかったら日本の伝統が守られない，日本の伝統が守れなかったら米づくりをする人が減る。農家の人は工夫や努力で日本の伝統を守って若者を増やしたいと思っていると思う。
> 　これから日本の農業は，若者がいっぱい来て，みんなで伝統を守っていってほしい。

　「レベルAの評価の振り返り」では，農家の人々の思いについて，理由をつけて述べてはいるが，自分の思いだけで具体的な資料がなく説得力に欠ける。

［最後のプレゼンテーションの例］

　子どもたちは，資料をもとに具体的な工夫や努力について説明をし，「安全なものを作ること（米づくり），資源を守っていくこと（水産業），効率的に作っていくこと（これからの食料生産）は，消費者に喜んでもらうためにしていることだ。その思いが私たちの生活を支え，日本の未来を支えている」とまとめていた。

　「本質的な問い」を意識したことで，子どもたちは毎回の学習をバラバラではなくつなげて，プレゼンテーションにまとめることができた。学習を終えた後，保護者から「買い物に行った時に米の銘柄の違いを話してくれたり，同じ食品でも他の商品と比べてみたりしていました」という声を聞いた。子どもたちのなかで今回の学んだことが生かされ，食料に対しての見方，考え方が変わったのではないかと感じた。今後は，ルーブリックを細かく設定することで，子どもの理解をもっと見られるような評価に取り組みたい。

表2-4-3　第8時の学習の評価基準

レベル	記述語
S	生産者は，どのような思いで工夫や努力をしているのか資料（グラフや写真）やインタビューの内容などを使って具体的に説明することができる。
A	生産者は，どのような思いで工夫や努力をしているのかを説明することができる。

広さ（面積）を調べよう

面積をブロックの集まりとして見て量感を養う［第4学年］

第5節

宮本真希子

1 単元構想

本単元では，面積について単位と測定の意味を理解し，長方形および正方形の面積の求め方を考えることと，面積についての量感を豊かにすることをねらいとしている。

長方形や正方形の面積は，公式を覚えてしまえば比較的容易に求めることができる。しかし，なぜ「縦×横」で長方形の面積を求めることができるのかを考えなければ，面積の本質を理解することはできない。そこで「本質的な問い」を「図形の面積はどのように求めればよいか」とした。求めたい面積は1cm²の正方形が何列・何行集まってできたものか考えれば求められること（「永続的理解」）に気づけるしかけとして「テトリス」や方眼を用いた。

具体的には，「テトリス」でさまざまな形のブロックを隙間なく組み合わせ，できるだけ面積の広い長方形づくりをめざすことから始めた。これまでの生活経験で広さの比較は感覚的にできると考え，ゲームのなかで，算数的思考を働かせ，面積の学習に対する抵抗感をなくそうとした。各々が何cm²獲得したかで勝敗を決めることで，単位量となる1cm²を意識させ方眼につなげた。

さらに，複合図形の面積を求める活動から，面積の保存性，加法性にも気づけるようにした。三角形の面積の求め方は第5学年での学習だが，正方形や長方形の対角線を結んでできる三角形であれば，求めた正方形や長方形の半分の広さになることに気づけるだろう。このように，面積の求め方を自分たちで発見させることで数学的な「見方・考え方」を養いたいと考えた。

それらの力を身につけられたかを測るために，問題と解説づくりをパフォーマンス課題とした。

『UbD訳本』から学んだこと

単元の終わりがゴールなのではないと意識することができたことが，一番大きな変化であった。

系統を意識し，次学年の学習内容に着目することはもちろん，本単元であれば，「面積とは何か」，「面積の求め方の本質は何か」を考えることができた。そのため，本単元で理解させるべきこと，そして次学年へつなげるべきことを意識した指導計画が立てられた。

表 2-5-1　算数科 学習指導案

1 単元名	単元名：広さを調べよう
	「見方・考え方」 事象を，数量や図形およびそれらの関係などに着目してとらえ，論理的，統合的・発展的に考えること。

2 単元目標	単元目標 ・平面図形の面積に関わる数学的活動を通して，面積の単位（㎠）について知り，正方形および長方形の面積の計算による求め方について理解する。 ・面積の単位や図形を構成する要素に着目し，図形の面積の求め方を考えるとともに，長さと面積の関係を考察し違いが理解できる。 ・数学的に表現・処理したことを振り返り，多面的にとらえ検討してよりよいものを求めて粘り強く考える態度，数学のよさに気づき学習したことを生活や学習に活用しようとする態度を養う。

観点別評価規準

（主体的に学習に取り組む態度） 面積を数値化して表すことの良さや，計算によって求められることの便利さに気づき，身の回りの面積を求めるなど生活に生かそうとしている。	（思考・判断・表現） 面積について，量や乗法の学習をもとに，単位の何個分で数値化して表すことや，辺の長さを用いて計算で求められることを考え，とらえることができる。	（知識・技能） ・長方形，正方形の面積を，公式を用いて求めることができる。 ・面積について，単位と測定の意味や，長方形や正方形の面積は計算によって求められることやその求め方を理解し，面積についての量感を身につけることができる。
【重点目標】 「本質的な問い」 図形の面積はどのように求めればよいか？ 「永続的理解」 面積はすべて 1 ㎠の正方形がもととなっており，それが何列・何行（「縦×横」）集まってできたものかを考えることで求められる。		【知識・技能】 ・面積の単位（㎠） ・正方形の面積の計算による求め方「一辺×一辺」 ・長方形の面積の計算による求め方「縦×横」 ・面積の保存性と加法性 ・長方形と正方形の面積を求める技能 ・複合図形の面積を求める技能

3 評価方法	【パフォーマンス課題】 複合図形の面積を求める問題と答えをつくって友達と問題を出し合いましょう。	【その他の評価方法】 ・単元テスト ・ノート ・発表

2 単元の流れと授業の様子

（1）【第1〜3時】面積の求め方

　タブレットを活用し，子どもが各自で「テトリス」を使いゲーム感覚で形づくりをすることから単元を始めた。さまざまな形のブロックを隙間なく組み合わせ，できるだけ面積の広い長方形づくりをする活動を通して算数的思考を働かせていくことをねらった。実際，子どもは面積の学習に対して抵抗感をもつことはなく，ゲーム感覚で楽しみながら取り組むことができた。ゲームでは，各々が何cm²獲得したかで勝敗を決めるようにした。1マスを1cm²の正方形で作っておいたことで，単位量となる1cm²を

意識し量感を養うことができた。

　テトリスのブロック1つ分が1cm²であるため，第1時の段階で，敷き詰められている部分の面積は掛け算で求めることができると多くの子どもが気づくことができていた。そのため，面積を求める公式の「一辺×一辺」や「縦×横」の意味理解やその定着はスムーズに行えた。

　さらに，面積は広さであり，形にとらわれる必要がないこともすぐに理解できた。そのため，第2時に「4cm²の図形を描く」という問題に取り組んだ際は，図形の特徴を生かして長方形や正方形以外の図形を描くこともでき，この段階で面積の保存性や加法性に気づくことができていた。「公式」にとらわれることなく，自由

第1時板書

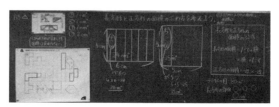

第2〜3時板書

表2-5-2　単元の構成

時間	学習活動	WHERETO の視点	
1	いろいろな方法で面積を比べる。 面積の単位（cm²）を知り，面積の意味について理解する。	W H E	面積の学習をすることを知る テトリスで楽しむ できるところまででよい
2 3	長方形，正方形の面積を計算で求める方法を理解し，面積を求める公式をつくることができる。	E T	九九を活用 視覚的にわかるように
4 5	複合図形の面積の求め方を考え，面積を求めることができる。 式が表す複合図形を考えることができる。	W E T	解き方の見通しを共有 ヒントカードの活用 さまざまな解を認める
6	自分でつくった複合図形の問題と式・解き方を示すことができる。	W H E T	課題を掲示 問題と解説づくり ヒントカードの用意 好きな図形で問題をつくる
7	つくった問題を交流する。	O T E2 R	問題交流 自分のペースで交流 相互評価 より良い問題・解説づくり

自在に面積を求める方法を発見することができていた。

（2）【第4～5時】複合図形の面積

複合図形の面積の求め方を考える場面では，ただ面積を求めるだけにとどまらず，図と式と言葉を結びつける活動を大切にした。

第4時は，十字型の複合図形を示し，どう見たら正方形や長方形になるかを全体で考えるところから始めた。分けたり付け足したりすることで，複合図形が正方形や長方形に変化することに気づければ，既習内容を用いて問題を解くことができる。それでも，正方形や長方形が見えてこない子どもには図に補助線を入れて気づけるようにした。

全体交流では，発表者が式を言った後，その式から，図形にどう補助線を入れたかを全員に問い，話し合いながら図に考え方を書き込むようにした。複数の考え方を出した後，それぞれの共通点を見つけさせることで，見え方が違っても考え方が似ているものもあるということに気づかせた。また，図形の学習が苦手な子どもには，すべてを理解させることよりも，自分が解きやすい方法を見つけることを大切にするように伝えた。

第5時では，図から式を導き出すだけでなく，式からその面積となる複合図形を考える活動を通して，多角的なもののとらえ方を養うことも試みた。1つの図形の求め方が多数あるように1つの式から複数の図形を想像することもできる。このような課題を与えることで，発展的な思考が育てられると考えた。

具体的には，「先生はある図形を 6 × 8 − 4 × 4 と表しました。これはどんな図形でしょう」という問題を出した。多様な答えが出る問題であるため，班で答えを考えるようにした。考えられる図形を交流するなかで，回転や反転をさ

せると，この式が表す図形がかなりの数になることに気づく子どもが出てきた。そこで，形が同じであれば回転や反転してもよいことも条件に入れることにした。

しかし，できるだけ多くの図形を考えようとするあまり，式に合わない図形を考える子どもも出てきた。間違っている図形に関しては全体交流のなかでなぜ間違っているのか話し合うことでより考えを深めることができた。

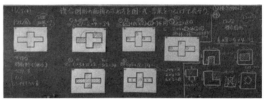

第4～5時板書

（3）【第6～7時】問題作成・交流

第6時では次ページのように問題を作成した。第7時では，第6時でつくった問題を交流する時間をとった。まずはグループでつくった問題を解きあった。つくった問題の難易度はさまざまであったため，模範解答を示されても解き方が理解できない子どもも多数見られた。そこで，グループ内では，全員が求め方がわかるようになるまで，さまざまな視点から図形をとらえさせ，解き方を交流させるようにした。それにより，図形の学習を得意とする子どもにとっても納得させるための視点を考えなければならないため，広く深い思考を働かせることができた様子であった。授業の後半では，全員が問題を見て回り，興味のあるものやできそうなものを解くようにした。

3 第6時の授業の様子

（1）復習

複合図形の解法確認のため，L字型の図形を示し，さまざまな見方をもとに多様な解き方が

できることを確認した。

（2）活動内容の確認

　第6時の主活動である，複合図形の面積を求める問題づくりの方法を示した。面積の加法性や保存性を理解していれば，既習事項だけで多様な図形の面積を求めることができる。しかし，汎用性のある解き方を理解できていなければ，今後活用していくことは難しい。そこで，ただ，面積を求める問題づくりをするだけにとどまらず，考えた図形の面積の求め方に対する模範解答を作成させることに重点を置いた。さらに，複数の模範解答をつくることができていれば，図形を多角的にとらえることができていると考えられるので，ルーブリックでもより高い評価を与えることとした。

（3）問題づくり

　多くの子どもは，スムーズに図形を描き，式と答えを導き出すことができていた。しかし，なかには，複合図形を思い浮かべることができない子どももいた。そのような子どもに対しては，L字型の図形で数値を変え問題をつくるように促した。

　また，オリジナルの図形と式・答えを考えることができた子どもも，模範解答としての説明となると，なかなか書くことができない子も多くいた。そして，たくさんの解法を示したいと思うがために，回りくどい解法を示してしまう子どももいた。さらに，図形によって，複数の解法が示しやすいものと，そうでないものもあった。なかには，丁寧な解説を示したいがために，時間内に解説が1つしか書けなかった子どももいた。

　そのため，右ページの表2-5-3のルーブリックの評価をそのまま活用しようとしても，必ずしも子どもの本当の理解度と，ルーブリックの評価が一致するわけではないという結果となってしまった。

（4）ペア交流

　問題づくりの後に，ペアで問題と解法を交流する時間を設けた。ここでは，楽しむために問題を解きあうのではなく，より良い模範解答づくりのための時間とした。まずは，模範解答を見る前に友達の問題を解き，式と答えに間違いがないか確認させた。その後，模範解答を読みあい，よりわかりやすい解説方法はないか，また他の解法がないかを一緒に考えさせた。

　ペア活動の後にはもう一度，自分の問題に目を向けアドバイスを受けて問題・模範解答づくりに戻る時間を設けた。このような時間が，より広く深い思考を促すと考えている。

（5）全体交流

　全体交流として，2人分の問題を前に示したが，時間が不十分だったため，詳しい解説は次時に行うこととした。

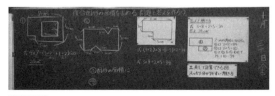

第6時板書

　図，式，言葉をリンクできているか，面積の加法性や保存性を理解できているかを評価するために表2-5-3のルーブリックを設定した。

［レベル3の評価の作品］

　解き方で図を活用しており，式の意味が理解しやすいように工夫されている。また，最も効率の良い解き方を示すことができているので，解答例としても大変良い。ただし，他の解答例がないためレベル3の評価となる。

表2-5-3　ルーブリック

レベル	記述語
5	自分でつくった複合図形の問題と複数の式・解き方を考えることができ，効率が良く汎用性のある解法を最もおすすめの解き方として理由とともに示すことができる。
4	自分でつくった複合図形の問題と複数の式・解き方を示すことができる。
3	自分でつくった複合図形の問題と式・解き方を示すことができる。
2	自分でつくった複合図形の問題と式を示すことができる。
1	与えられた複合図形の問題と式を示すことができる。

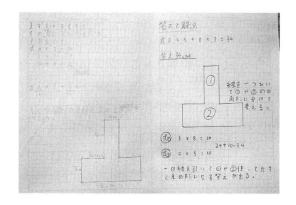

［レベル5の評価の作品①］

　式と図がリンクするように解説できているので，大変わかりやすくてよい。また，おすすめの理由も示すことができている。

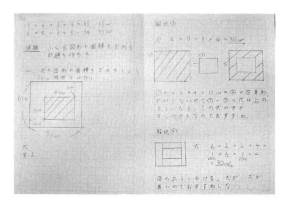

［レベル5の評価の作品②］

　図と式がリンクするように説明ができているので大変わかりやすい。さらに，どちらの解

法も効率的に解くことができる。図形を分解して解く方法は汎用性が高く，それをおすすめの解法としているところもよい。

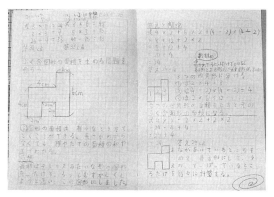

　同じレベル5であっても，1つめの作品は解説②の解き方が効率的とは言えない。しかし，この図形からは他の解法を導き出すのも難しい。子どもが考えた図形によって，解き方の多様性に差が出てしまうため，このルーブリックでは本当に平等に評価できたかは疑問である。複数の問題をつくることを認めることでその差を埋めることができたかもしれない。また，つくった問題に対する評価をしてもよかっただろう。

　「逆向き設計」で構成したため全員が単元目標には到達したが，評価することは大変難しかった。今後，子どもたちの本当の理解度が見られるように，ルーブリックをつくっていきたい。

第6節 大地のつくりと変化
地域の自然から学び，実感のともなった理解へ ［第6学年］

金尾貴徳

1 単元構想

本節では，単元「大地のつくりと変化」を取り上げる。単元では，土地のつくりや変化について，時間的・空間的な関係などの科学的な視点でとらえ，多面的に考えていくなかで，「土地は流れる水のはたらき（浸食，運搬，堆積）や火山活動，地震などによって長い年月をかけて変化し，つくられてきた」という「永続的理解」に至ることを目標とした。ただし，本節では，この大単元のうち，前半の「大地のつくり」の箇所を中心に取り上げる。

学習を進めるにあたっては，言葉や映像だけを網羅した理解にとどまらず，自分たちが生活している本田小学校がある場所の土地のつくりを調べ，そこから学んでほしいと考えた。そういう意図から「本質的な問い」を「この土地は（地層）はどんなはたらきによって，どのように変化し，できたのか？ それはどのように確かめられるだろうか？」と設定した。

理科の学習では，問題を見いだす，予想する，検証方法を考える，実験・観察を行い得られた結果を考察し，それをもとに妥当な考えに至るといった学習を積み重ねて理解を深めていく。「理解の6側面」で考えると，地層の重なりと広がり，地層の構成物という事実から，その地層はどのような場所でできたのか，さらに，その土地がどのようにしてできたのかを説明できることが重要であると考えた。

そこで，「ボーリング試料から本田小学校の土地がどのようにしてできたのかを解き明かし，本田小学校のみんなに伝えよう」というパフォーマンス課題を考えた。

『UbD訳本』から学んだこと

『ＵｂＤ訳本』を読み，「転移可能な状態」「理解の6側面」について考えたとき，以前にも増して学習したことをどのように生活のなかで生かせるのか，生かされているのかを子どもたちに問うようになった。多くの知識を網羅するだけではなく，その知識でもって何ができるのか，それをどう使うかが判断できて，初めて生きた知識になり，人生をより豊かなものにすることができるからだ。

一方，理科を勉強しても役に立たないという子どもは残念ながら少なくない。しかしそれは，理科で学んだことを役立てている物事が身の回りにたくさんあることを知らないからであろう。

理科の有用性を感じ，より確かな理解へと向かうために，これからも子どもたちに問うていきたい。

表2-6-1　理科 学習指導案

1 単元名	単元名：大地のつくりと変化
	「見方・考え方」 自然の事物・現象を，質的・量的な関係や時間的・空間的な関係などの科学的な視点でとらえ，比較したり，関係づけたりするなど，科学的に探究する方法を用いて，多面的に考えること。

2 単元目標	単元目標 ・土地のつくりや変化についての理解を図り，観察・実験などに関する基本的な技能を身につけることができる。 ・土地のつくりと変化について追求するなかで，土地のつくりやでき方について，より妥当な考えをつくり出し，表現することができる。 ・土地のつくりと変化について追求するなかで，主体的に問題解決しようとする態度を養う。

観点別評価規準

（主体的に学習に取り組む態度） ・土地のつくりや様子，そのなかで見つかる化石などに興味をもち，調べようとしている。 ・火山活動や地震によって起こる大地の変化や災害について関心をもち，調べようとしている。	（思考・判断・表現） ・土地やそのなかに含まれる物に着目して，粒の大きさや形や色などの特徴から，土地のでき方を多面的に調べ，地層ができた要因について，より妥当な考えをつくり出し，表現できる。 ・土地の様子に着目して，火山の活動や地震による土地の変化を多面的に調べ，土地のつくりやでき方について，より妥当な考えをつくり出し，表現できる。	（知識・技能） ・土地は，礫，砂，泥，火山灰などからできており，層をつくって広がっているものがあること。また，層には化石が含まれているものがあることがわかる。 ・地層は，流れる水の働きや火山の噴火によってできることがわかる。 ・土地は，火山の噴火や地震によって変化することがわかる。
【重点目標】 「本質的な問い」 この土地（地層）はどんなはたらきによって，どのように変化し，できたのか？　それはどのように確かめられるだろうか？		【知識・技能】 ・地層とそれに関わる用語 ・火山灰や地層の構成物を観察する技能 ・土地（地層）のでき方と変化 ・地震や火山による土地の変化
「永続的理解」 ・土地は流れる水のはたらき（浸食，運搬，堆積）や火山活動，地震などによって長い年月をかけて変化し，できてきた。 ・土地のでき方や変化は，地層の構成物，広がり方や重なり方を調べることでわかる。		

3 評価方法	【パフォーマンス課題】 博物館の学芸員の方から，「ボーリング試料から本田小学校の土地がどのようにしてできたのかを解き明かし，本田小学校のみんなに伝えてほしい」とメッセージをもらいました。本田ミニミュージアムとして展示物を作って発表しましょう。	【その他の評価方法】 ・ノート，または，ワークシート ・振り返りカード ・テスト

2 単元前半の流れと授業の様子

単元設計にあたっては，次のことを意識した。子どもたちが最後に「パフォーマンス課題」に取り組むためには，まず，子どもたちがボーリング試料を観察して，「このサンプルは砂と礫である」とか「これは泥である」など判断できる必要がある。次に，子どもたちが地層の重なりや構成物からこの地層がどんな場所でできたか考えられるようにするには，地層のでき方について理解する必要がある。さらに，本田小学校の大地のでき方を語るうえで，地層の時間的空間的な広がりについても，子どもたちは理解する必要がある。これらの点を，子どもたちが順に解決していく学習計画を考えた。

アズキ火山灰層

（1）【第1〜3時】地層の観察

まず，地層がどのようなものなのか理解する必要がある。地層の露頭を観察できるのが最善であるが，本校周辺では観察できない。

そこで，博物館連携事業を活用した。ボーリング試料の貸し出しのほか，観察できる火山灰層についても情報の提供を受けた。情報をもとに教師自ら現地に赴き，写真のアズキ火山灰層やその周辺の地層の写真映像，地層のサンプルを採取することができた。地層のなかから採取

してきた火山灰を，子どもたちはどんな粒なのかと顕微鏡を使って観察することができたほか，資料などから火山灰が広範囲にわたって降り積もり地層を形成することを理解できた。

加えて周辺の地層から，礫，砂，泥の地層のサンプルも採取できたので，子どもたちは実際に手で触って粒の違いを確かめたり，双眼実体顕微鏡を使ったりして，観察することができた。泥のなかから植物の化石を見つけた子も見られ，地層の構成物について理解し，また，地層の構成物を観察する眼を養うことができた。

（2）【第4〜5時】地層の実験をする

地層がどんな場所で，どのように形成されていったかを知ることは，本田小学校の地下のボーリング試料を調べるために必要である。子

表2-6-2　単元の構成（紙幅の都合上前半部を取り上げる）

時間	学習活動	WHERETOの視点		
1〜5	地層の構成物について知る。 地層のでき方について理解する。	H	本物の地層のサンプルを観察する。	
		E	地層ができるしくみを実験を通して理解する。	
		W	パフォーマンス課題を知り，見通しをもつ。	
		O	実験等から理解を深められる単元構成にする。	
6〜8	ボーリング試料を観察し，本田小学校の地下の地層について把握する。 ここまでの学習をもとに，本田小学校の大地の成り立ちについて考え，表現する。	T	一人ひとりの強みを生かして役割分担をし，ミニ博物館の掲示物を作る。	

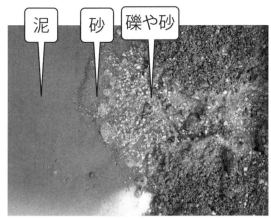

泥　砂　礫や砂

流れる水のはたらきで，礫や砂，泥に分かれ堆積した様子

どもたちに予想を聞いてみると，子どもたちは5年生の「流れる水のはたらき」の学習経験から，水によってけずられた土砂が運ばれて，堆積することによってできたと考えた。さらに，実際に土の上に水を流してみて確かめてはどうかとの発言もあった。

　この実験方法は，教科書で取り上げている実験方法と異なっている。しかし，パフォーマンス課題で調べるボーリング試料の最下部砂礫層の形成過程を，教科書の実験方法よりもうまく説明できるのではないかと考えた。

　そこで，大きなバットに土（礫，砂，泥をふくんだ）を上半分に詰め，下半分は水がたまるようにし，実際に土の上に水を流してみて，礫，砂，泥がどの様に分かれるのか確かめる実験に取り組んだ。

　その結果，水が流れた跡には粒の大きな砂や礫が残り，海に見立てて水をためているところに水が流れ込んだ場所には砂，そして泥は遠くまで流され堆積することを確かめた。この実験により，粒の大きな砂や礫は川に，砂は海などの河口に近いところ，泥は陸地から離れた海底などで堆積すると子どもたちは理解できた。

（3）【第6〜8時】本田小学校地下の地層から　　　学ぶ

　ボーリング試料から，その地点の地層の重な

りをとらえることができても，それぞれの地層がどこまで広がっているかはとらえることができない。また，どれほどの時間をかけてそれぞれの地層ができたかは，ボーリング試料だけでは調べられない。博物館では近隣の公共施設のボーリング試料を所蔵している。近隣の公営住宅や西区のプールのボーリング試料をもとに作成されたそれぞれの地点の柱状図，さらに市内各所のデータをもとに作成された大阪平野の地質分布図の提供を受けた。

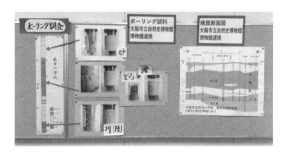

提供を受けた柱状図や地質分布図

　これらの資料をもとに，子どもたちは地層の広がりをとらえ，長い時間かけて本田小学校の土地が形成されてきたことを理解できた。また，地層の広がりから大阪の大地の多くの部分が本田小学校と同じように長い時間をかけ変化してきたことも理解できた。

　そのうえで，第7時で本田小学校地下のボーリング試料の分析を行った。これまでの学習で学んだことを「パフォーマンス課題」に取り組むなかで総合し，表現する時間であったため次ページで詳述する。第8時では，学習の成果を本田ミニミュージアムとして発表するために展示物を作成した。展示物として，各班で各自が自分のもち味をいかし，学習したことをもとにして一枚物の掲示物を作成した。

　このように，子どもたちはこの学習で学んだことをパフォーマンス課題に取り組むなかで総合し，表現することができた。博物館連携事業を活用することによって，子どもたちは，本田

小学校の土地は流れる水のはたらき（浸食，運搬，堆積）などによって長い年月をかけて変化し，できてきたという「永続的理解」を得ることができたと思われる。

3 第7時の授業の様子

（1）柱状図の作成

第7時は，本田小学校地下のボーリング試料を分析する時間である。1人ですべてを分析すると時間がかかる。分析しながら班のなかで対話が生まれることもねらい，40メートル分の試料を5メートル分ごとに分け，班ごとに分担して分析することにした。

ボーリング試料を観察する際，貝の化石を見つけ，驚きの声を上げる子どもたちが多く見ら

ボーリング試料を5メートル分ずつ班ごとに分担し分析する

分析結果を色や図，言葉で柱状図に表す

班で作成した図を組み合わせ，本田小学校地下の柱状図を完成させられた。同時に，その地層ができた場所は海であることを推測することができた。

分析結果を柱状図に色や図，言葉を記入して表現し，それらを組み合わせて，本田小学校地下の柱状図を子どもたち全員で完成させることができた。

（2）各班で話し合い大地のできかたを考える

最後に各班でそれぞれの地層がどのような場所でできたのかを話し合った。話し合った結果を学級全体で集約し，一番下の泥の層は「海」，その上の砂と礫の層は「陸地（川）」，その上の砂や泥の層は「海」と，ここまで学習したことをもとに判断することができた。本田小学校の土地は陸地になったり，海になったりを繰り返しながら，長い時間をかけて変化しつくられたことを理解できたといえる。

この学習を通じて「逆向き設計」論にもとづき，理解に至るまでの過程を考え，「パフォーマンス課題」を解決するうえで必要な知識や技能を獲得できるような学習計画を立てることができた。また，博物館連携事業を活用することにより，子どもたちは本物に触れ，図や写真のイメージと言葉だけの理解にとどまらない，実感を伴った理解に至ることができたのではないかと思われる。

表2-6-3　ルーブリック

レベル	記述語
3	土地のでき方や変化について，ボーリング試料の観察結果や大阪の地形などをもとに，多面的に考えたことを表現することができる。
2	土地のでき方や変化について，ボーリング試料の観察結果や資料からわかることを表現することができる。
1	土地のつくりについて，ボーリング試料の観察結果を表現することができる。

「パフォーマンス課題」は上記のルーブリックで評価を行った。

[レベル3の評価の作品]

この作品は，ボーリング試料のなかに含まれていた貝の化石を根拠として，本田小学校の土地がかつて海であったことをまとめ，表現している。班の子どもたちは，そのことを伝えるために，見つけた貝の化石を写真に撮り，掲載することにこだわった。化石について学んだこと，淀川や大和川が大阪平野を流れていることと川のはたらきなどを総合して判断したことが表現されている。土地が長い年月をかけ，変化してきたことや，何を調べ，どう表現すればよいのか理解できていることがうかがえる。

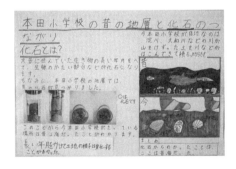

[レベル2の評価の作品]

この作品は評価に迷うところがある。というのも，土地の変化を表現したものではなく，地層から読み取れる防災上の課題について表現しているからである。しかし，地層のでき方についてこの班の子どもたちはきちんと表現できて

いるので，土地の変化については理解に至っていると考える。むしろ，博物館が果たす役割を考えれば意義のある内容であろう。

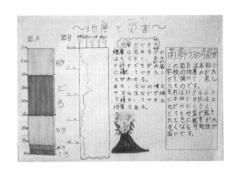

「逆向き設計論」では，先にゴールを定めるので，教師がぶれることなく学習を進めることができ，理解に至るために必要な手立てを考えやすい。一方で，本単元の学習は先行体験や知識が少なく，教師側が設定した学習にならざるを得ないところもあった。とくに，子どもの主体的な問題解決と逆方向に学習計画を練っていくというところとを対応させることが難しく感じた。また，班で「パフォーマンス課題」に取り組んだため，一人ひとりについて理解に至ったかまで評価することが難しかった。今後は「パフォーマンス課題」に取り組む学習形態について考える必要があると感じた。子どもたちにとって意欲が低下しない，真に魅力的な課題は何かについて，教材との出合わせ方も含めて，検討していきたい。

日本の音楽（民謡）に親しもう

日本の五音音階を使って『本田子どもまつり』の音楽をつくる [第4学年]

今村友美

1 題材構想

音楽を聴いたり演奏したりしたときに伴う感動は，音楽を形づくっている要素や仕組みによってもたらされる。和の雰囲気がある音楽には，使われている音階や和楽器の音色といった要因がある。音楽科の学習を通じて，これまで子どもたちがなんとなく感じていたイメージや雰囲気が，音楽を形づくっている要素や仕組みによってもたらされることを学び，表現に生かせるようにしたいと考えている。

4年生で学習する「日本の音楽に親しもう」は，民謡の鑑賞をきっかけに日本の音楽に使われている五音音階や，民謡の特徴である「合いの手」について学ぶ。教科書には日本の五音音階が記載されており，それを使ってお囃子の旋律をつくる学習が展開されている。しかし，それでは子どもたちに実感が伴わない。そこで，『こきりこ』や『ソーラン節』が五音のみで構成されていることを子どもたち自身が見つけ，理解を深めるようにしたいと考えた。そのために，「本質的な問い」を「民謡とは何か？」「日本の音楽（民謡）を特徴づけるための，音楽を形づくっている要素や仕組みはどのようなものか？」と設定し，「永続的理解」である「民謡は，日本の五音音階（ヨナ抜き音階）でできているものが多く，合いの手が入ることで盛り上がりと一体感が出る」がもたらされるよう，「鑑賞による聴き取り→歌唱で体感→日本の五音音階の発見→日本の五音音階を使った旋律づくり」という流れで授業を展開した。

実は，大阪は，天神祭や岸和田だんじり祭などが有名だが，本校の子どもたちにとってはあまり馴染みがなく，地域に根付いた民謡や祭囃子というものはない。民謡との関わりといえば，夏休みの盆踊り大会に一部の子どもたちが参加して耳にするくらいである。そこで，学校行事の「本田子どもまつり」とリンクさせ，馴染みのない民謡を子どもたちの生活に位置づけることをねらって，パフォーマンス課題を「本田子どもまつりで流れると，みんなの気分が盛り上がる音楽をつくるためには，どのように構成し，表現すればよいか」と設定した。子どもたちがつくった音楽は録音し，次年度の「本田子どもまつり」で実際に流すこととした。

『UbD訳本』から学んだこと

教材を深く分析することと，6年間の系統性を考えることにより，転移可能な理解とは何かが明らかになってくる。転移できるかどうかをつねに考えて授業を設計していくことで，子どもたちの学びも変わる。

表 2-7-1　音楽科 学習指導案

1 題材名	題材名：日本の音楽に親しもう
	「見方・考え方」 音楽に対する感性を働かせ，音や音楽を，音楽を形づくっている要素とその働きの視点でとらえ，自己のイメージや感情，生活や文化などと関連づけること。

2 題材の目標	題材の目標 ・日本の音楽（民謡）の雰囲気や特徴を感じ取りながら，民謡を聴いたり表現したりして，わが国や郷土に伝わる音楽の構成要素を理解する。 ・日本の旋律の五音音階や，民謡の曲想と音楽を形づくっている要素との関わりについて理解を深め，祭りで流れると気分の盛り上がる旋律をつくることができる。

観点別評価規準

（主体的に学習に取り組む態度） 郷土の音楽（民謡）に興味・関心をもち，曲の雰囲気や特徴を感じ取りながら聴いたり，友達と協働して音楽をつくったりする学習に，進んで取り組もうとしている。	（思考・判断・表現） ・民謡を鑑賞し，音楽を形づくっている要素と曲想の関連を認識している。 ・鑑賞で聴き取った音楽を形づくっている要素を活用して音楽をつくっている。 ・つくった音楽を，自分の思いやイメージにつなげるため，友達と意見を出し合い，つくり直している。	（知識・技能） ・民謡の歌声やリズム，旋律などの特徴を理解している。 ・日本の五音音階を使って，8小節の旋律をつくることができる。
【重点目標】 「本質的な問い」 ・民謡とは何か？ ・日本の音楽（民謡）を特徴づけるための，音楽を形づくっている要素や仕組みは，どのようなものか？ 「永続的理解」 ・民謡は郷土に伝わる音楽である。 ・民謡は，日本の五音音階（ヨナ抜き音階）でできているものが多く，合いの手が入ることで盛り上がりと一体感が出る。 ・民謡は，♫などの弾むリズムや「♪♩♪♩」などのリズムが 　　　　　　　（タタンタタン） 多く使われている。		【知識・技能】 ・拍節の有無 ・合いの手 ・和楽器の音色（三味線） ・こぶし，のびやかな歌声 ・日本の五音音階（ヨナ抜き音階） ・『ソーラン節』や『こきりこ』のリズム ・五音音階を使って旋律をつくる。

3 評価方法	【パフォーマンス課題】 日本の五音音階を使って，「本田子どもまつり」で流れると気分が盛り上がる音楽をつくりましょう。つくった音楽は，録音して「本田子どもまつり」で流します。旋律を鍵盤ハーモニカで演奏し，それに「合いの手」を入れ，みんなで盛り上がれる音楽にしましょう。	【その他の評価方法】 ・民謡の鑑賞（身体反応・発言） ・振り返りノートの記述 ・つくった音楽の演奏

2 題材の流れと授業の様子

（1）【第1時】2曲の民謡を聴き比べる

　教科書に鑑賞曲として掲載されている『ソーラン節』と『南部牛追い歌』を聴き比べた。どちらも仕事歌である。まず、歌詞を聴き取り仕事の内容を考えた。1度や2度で聴き取ることは難しいので、曲を耳にする回数を増やすようにした。

　次に、2曲の違いについて話し合った。子どもから意見が出るたびに（人数の違い・拍節の有無・楽器・合いの手など）、音源を聴いて全員

第1時のノート

で確認し、曲想と音楽を形づくっている要素との関わりについて理解を深めた。曲の構造を理解することは、パフォーマンス課題である「子どもまつり」の音楽づくりにつながる。音楽を介して思考することを心がけた。自分たちがつくる「子どもまつり」の音楽は、「盆踊りで流れるような音楽だ」との共通認識もできた。

表2-7-2　題材の構成

時間	学習活動		WHERETO の視点
1	『ソーラン節』と『南部牛追い歌』を聴き比べ、民謡について知る。	W O E2	「本田子どもまつり」で流す音楽をつくるという課題を知る。 パフォーマンス課題の旋律づくりで生かせるように、民謡の鑑賞で音楽の要素や仕組みを聴き取る。 毎時間振り返りを行う。
2	『こきりこ』を歌い、使われている音を調べる。	E	楽譜を調べ、日本の五音音階でつくられていることを見つける。
3	『ソーラン節』が『こきりこ』と同じ、日本の五音音階で演奏できるかを試す。	H W	音板を取り外せるミニグロッケンを使い、五音だけで構成されているという気づきを深める。 日本の五音音階使っと祭りにふさわしい音楽がつくれるという見通しをもつ。
4	日本の五音音階を使い、『こきりこ』のリズムに合わせて旋律をつくる。	T E	ペアで協力し活動するが、使う音の選択については各々で行う。 リズムの繰り返しが、祭りの高揚感につながることがわかる。
5	『河内音頭』を鑑賞する。 日本の五音音階を使い2小節の旋律をつくる。	E T	符点音符の弾むリズムが祭りの高揚感を生むことがわかる。 つくった旋律を自分のわかる方法で記録する。
6	グループで、8小節の「本田子どもまつり」の音楽の旋律をつくる。	R E2	中間発表の時間を設け、友達の表現の良さを味わうことで、方向性の見直しを行う。 現在の到達点を自己評価する。
7	つくった旋律をグループで演奏し、録音する。	H T	録音した旋律を聴き、旋律に合わせて入れると盛り上がる「合いの手」を考える。 自分のできる範囲で演奏に参加する。
8	合いの手を入れて演奏する。	E2	作品を交流し、題材全体の振り返りを記述する。

（2）【第2～3時】日本の五音音階を調べる

第2時では，歌唱教材『こきりこ』で使われている音を調べ，5つの音で旋律がつくられていることを子どもたちは見つけた。また，『こきりこ』は，拍節があることや囃子ことばが入ることなど，前時に聴いた『ソーラン節』との共通点に気づくことができた。子どもまつりはにぎやかで，たくさんの人が楽しむ場であるため，自分たちがつくる「子どもまつり」の音楽には，『ソーラン節』や『こきりこ』のように，拍節のある曲がふさわしいと確認した。

第3時では，前時に楽譜から見つけたことを，子どもたちが音を通して確認できるように「日本の五音音階で，ソーラン節が演奏できるか」という学習課題を設定した。取り組むにあたっては，写真のように，音板を取り外せるミニグロッケンを使用した。それにより，視覚的にわかりやすく，また，どの五音を使えばいいのか混乱することもなく，集中して『ソーラン節』の旋律を見つけることができていた。ペアで活動したことにより，対話も深まった。

前時に確認した拍節があることに加え，日本の五音音階を使えば，祭りの音楽がつくれるという見通しをもつことができた。子どもたちは，やみくもに音を探すのではなく，音の動き（高低）やリズムの繰り返しに着目して探していた。

音板を取り外せるミニグロッケン

（3）【第4～5時】日本の五音音階で簡単な旋律をつくる

第4時では，すでに学習している『こきりこ』のリズムを使い，子どもたちは4小節の旋律をつくった。リズムと音を別に考えると，旋律づ

くりは難しくなる。そうならないように耳慣れたリズムを使うことで，その問題は解決できた。

前時同様ミニグロッケンを使用し，ペアで活動した。互いにアドバイスし合い，全員が旋律を完成させることができた。『こきりこ』は『ソーラン節』と同じくリズムが繰り返されるため，リズムの繰り返しに合わせて音も効果的に繰り返し，旋律をつくっている様子が多く見られた。

第5時では，最初に『河内音頭』の鑑賞をした。リズムを考えるための参考になることをねらった。鑑賞後，日本の五音音階を使い，2小節のオリジナルの旋律をつくった。ミニグロッケンを使い，リズムと音の動きを同時に考えていくようにしたことと，スモールステップで学習を積み上げてきた成果もあり，子どもたちは工夫して旋律づくりができた。

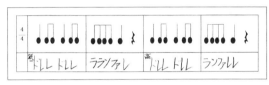

第4時に子どもがつくった旋律

記譜の経験がないので，記録方法は決めず，子ども自身が次の時間に見て，音楽を再現できるように工夫して記録させた。

（4）【第6～8時】「本田子どもまつり」の音楽をつくり，演奏する

第6時では，次ページのようにグループで「本田子どもまつり」の旋律をつくった。

第7時では，第6時でつくった旋律を演奏し，録音した。つくった旋律は鍵盤ハーモニカで演奏することとし，グループで分担して演奏してもよいことにした。

旋律をつくりやすいという理由でミニグロッケンを使っていたが，民謡に合う音色ではないため，演奏の際は鍵盤ハーモニカを使用した。鍵盤ハーモニカは，低学年から使っている

ので演奏し慣れていること，息の調節で音を切ったり伸ばしたりできること，強弱が表現できることなどの良さがある。録音した演奏を聴き，修正を加えるグループもあった。次時に全員で演奏できるように「合いの手」を考え音楽を完成させた。

第8時では，つくった旋律に学級全員で「合いの手」を入れて演奏した。子どもたちは「合いの手」を入れる難しさに気づけていた。互いの演奏を聴き合い，「良さ」の相互交流を行った。最後に，題材全体を通した振り返りをノートに記述した。

3 第6時の授業の様子

(1) 気分が盛り上がる旋律づくり

日本の五音音階を使い「本田子どもまつり」で流れると気分が盛り上がる旋律づくりにあたり，以下を提示した。

- ・4分の4拍子　8小節
- ・3～4人グループ
- ・ミニグロッケンでつくり，最終は鍵盤ハーモニカで演奏する
- ・Fを基準とした，日本の五音音階（F，G，A，C，D）を使用する。

子どもたちは前時に，日本の五音音階を使った2小節の旋律づくりを行っている。最初に，前時につくった旋律を各々が演奏し合い，互いの表現の良さを味わう時間を設けた。

その後，グループで方向性を決めた。「祭りのにぎやかさを表現するため高い音を使う」ことや「弾むリズムを使って楽しさを表現する」などである。

実際に旋律をつくっていく段階では，4人の旋律をつないでからリズムを変えたり音を変えたりしていくグループ，反復や変化などの音楽

の仕組みを決めてから旋律をつくるグループ，音の動き（低い音から高い音へ進む）を決めてからつくるグループなど，つくる過程はさまざまであったが，これまでに学習した内容を活用してつくる様子が見られた。

(2) 中間発表

意見がまとまらず困っていたり，思ったような旋律がつくれなかったりするグループが見られたので，中間発表の時間を設定した。旋律づくりが進んでいるグループの演奏を聴いた後，次のような意見が出た。

- ・少しの音しか使っていないのに，まとまっていた。使う音を減らそうと思う。
- ・自分のグループと比較すると，弾むリズムが多く使われていて，お祭りの盛り上がる感じが伝わってきた。

中間発表で旋律づくりのポイントを見つけ合うことで，問題点をはっきりさせることができ，子どもたちが自分たちの作品を修正できていた。同時に，ルーブリックで現在の到達点を確認することで，これから何をすべきか理解する姿も見られた。

(3) つくった旋律を鍵盤ハーモニカで演奏し，修正を加える

ミニグロッケンと鍵盤ハーモニカは音色が違うため，つくった旋律を鍵盤ハーモニカで演奏し，自分たちの思いと作品とのギャップを修正する時間を設けた。つくった旋律は，グループ全員がわかる方法で記録した。鍵盤ハーモニカの演奏技術には個人差があるので，グループで分担して演奏してもよいこととし，全員が参加できるようにした。

(4) 振り返り

本時の学習について，振り返った。

表2-7-3　ルーブリック

レベル	記述語
4	工夫して旋律をつくったうえで，より気分を盛り上げるために，合いの手を入れている。合いの手を入れる場所を考えたり，旋律をつくり直したりしている。
3	気分を盛り上げるために，繰り返しを使って高揚感を出したり，弾むリズム使ったりと工夫して旋律をつくっている。
2	気分を盛り上げるために音を上向させたり，跳躍させたりと，音の進み方を考えて旋律をつくっている。
1	日本の五音音階をあてはめて，グループで8小節の旋律をつくっている。

第6時のノート

レベル4の評価の作品（本田子どもまつりの音楽）

（子どもの作品をもとに教師が作成した楽譜）

[ルーブリックについて]

　パフォーマンス課題では，「日本の音楽（民謡）を特徴づけるための，音楽を形づくっている要素や仕組みは，どのようなものか（「本質的な問い」）」を探究した結果，祭りで流すと盛り上がる音楽をつくることを求めた。したがってルーブリックも，民謡の音楽的要素を使って音楽をつくれているか，音楽を盛り上げるための方法を思考し表現できているかを見取るものにした。

　とくにレベル4の評価の「合いの手」を入れるためには，皆で発声しやすい言葉を考えること，合いの手を入れる場所を考えること，もともとの旋律に休符がない場合は，旋律をつくり直して合いの手が入りやすいようにすること，もしくは旋律に重ねて合いの手を入れるように考えることなど，さまざまな知識や技能を複合して使いこなす必要がある。

[パフォーマンス課題の評価]

　右上のレベル4評価の作品では，弾むリズムを使って祭りの楽しさが表現されている。4・5小節目と6・7小節目は旋律が繰り返されており，気分が高揚する旋律になっている。また，休符を上手に使い効果的に合いの手が入っている。

　このように今回の授業では，日本の五音音階を教師が教えるのではなく，子どもから気づくようにしかけることができた。それにより，日本の音楽への理解が深まり，日本の音楽の良さを味わうことができた。ただし，パフォーマンス課題をグループでの音楽づくりとしたため，一人ひとりの評価が非常に難しかった。今後は，つくった音楽について簡単なPR文を書くなど個人の取り組みも考えたい。

4 他の学年での実践と学年を通した系統

（1）第6学年「ブルースの音楽づくり」（ブルーノート・スケールを使った旋律づくり）

4年生では日本の五音音階を使った旋律づくり，5年生の琉球音階を使った旋律づくりを経て，6年生でブルーノート・スケールを使った旋律づくりに取り組んだ。

（2）学習の流れ

① 『C Jam Blues』を聴き，ブルースの音楽的要素や仕組みを感じ取る

② ペアでブルースの音楽をつくる

4年生，5年生で音階を使った旋律づくりを行ってきた子どもたちは，音楽を特徴づける一つの要素として音階があることを学んでいた。これまで同様，ブルースを特徴づけるための，音楽を形づくっている要素や仕組みについて理解を深め，『ブルースの音楽づくり』を行う。子どもたちはブルースをまったく知らないため，ブルースを共通理解できるイメージとしてとらえることから始めた。具体的には，『C Jam Blues』を聴いた。子どもたちは，ブルースを「ドラマに出てくるようなおしゃれなカフェで流れている音楽」ととらえた。

パフォーマンス課題は，「おしゃれなカフェで流れる12小節の音楽を，ブルーノート・スケールを使ってつくりましょう。演奏する楽器は鍵盤ハーモニカとします。ペアで各々旋律をつくり，音を重ねて演奏しましょう」とした。伴奏音源を用意すること，使用する音階の鍵盤にシールを貼ることで課題解決に向けて支援した。

「本質的な問い」は，「ブルースを特徴づけるための，音楽を形づくっている要素や仕組みは，どのようなものか」とし，この学習によって「ブルースは，ブルーノート・スケールでできてお

子どもたちがつくったブルースの作品

（子どもの作品をもとに教師が作成した楽譜）

り，12小節がひとまとまりとなっている。休符や3連符，トリルなどが多く用いられる」という「永続的理解」につながるようにした。

子どもたちは6年間の集大成として，これまでに得た知識・技能，思考力・判断力・表現力を駆使して，音楽をつくった。

また6年間を通した音楽科の「本質的な問い」として，「心を動かすためにはどのような表現（演奏）をすればいいのだろうか」を掲げ，学習に取り組んだ。音楽によって感動を与えることができる，心が動くという音楽の本質に迫り，生涯音楽を愛好する子どもの育成を狙った。

表2-7-4　音階を使った旋律づくりの系統表

	第4学年	第5学年	第6学年
	音楽科としての「本質的な問い」 「心を動かすためには，どのような表現（演奏）をすればいいのだろうか？」		
題材名	日本の音楽に親しもう	日本と世界の音楽に親しもう	日本と世界の音楽に親しもう
「本質的な問い」	・民謡とは何か？ ・日本の音楽（民謡）を特徴づけるための，音楽を形づくっている要素や仕組みは，どのようなものか？	・沖縄の民謡とはどのようなものか？ ・沖縄の民謡を特徴づけるための，音楽を形づくっている要素や仕組みは，どのようなものか？	・ブルースとはどのようなものか？ ・ブルースを特徴づけるための，音楽を形づくっている要素や仕組みは，どのようなものか？
「永続的理解」	・民謡は郷土に伝わる音楽である。 ・民謡は，日本の五音音階（ヨナ抜き音階）でできているものが多く，合いの手が入ることで盛り上がりと一体感が出る。 ・民謡は，♫などの弾むリズム「♪♩♪♩」などのリズム （タ タ ン タ タ ン） ムが多く使われている。	・沖縄で発生した音楽で，祭りの代表的な舞踊に「エイサー」がある。 ・沖縄の民謡は，琉球五音音階（ニロ抜き音階）でできており，沖縄方言の合いの手や，指笛が入る。 ・伴奏は3連系のリズムが特徴。 ・三線，パーランクなど，沖縄の楽器で演奏される。	・ブルースは，アメリカ南部でアフリカ系アメリカ人の間から発生した音楽である。 ・ブルースは，ブルーノート・スケールと呼ばれる音階でできている。 ・12小節が基本。 ・3連符に似た跳ねるリズムが特徴。 ・鍵盤楽器ではトリルをよく使う。
パフォーマンス課題の例	日本の五音音階を使って，「本田子どもまつり」で流れると気分が盛り上がる音楽をつくりましょう。つくった音楽は，録音して「本田子どもまつり」で流します。旋律を鍵盤ハーモニカで演奏し，それに「合いの手」を入れ，みんなで盛り上がれる音楽にしましょう。	今年も4年生が運動会で「エイサー」を踊ります。昨年踊った先輩として4年生の健闘を祈り，琉球音階を使ってペアでエイサーに合う音楽をつくりましょう。昨年踊った『安里屋ユンタ』の振りに合う音楽をめざします。旋律は木琴で演奏しましょう。	おしゃれなカフェで流れる12小節の音楽を，ブルーノート・スケールを使ってつくりましょう。演奏する楽器は鍵盤ハーモニカとします。ペアでそれぞれ旋律をつくり，伴奏音源に合わせて2人で音を重ねて演奏しましょう。
音　階	日本の五音音階（ヨナ抜き音階）	琉球の五音音階（ニロ抜き音階）	ブルーノート・スケール

体育科

とび箱運動（台上前転）

仲間との「支え合い」を生み出す体育科の指導 ［第3学年］

長原尚哉

1 単元構想

体育科の学習の本質は「できる」ことにあり，子どもが体を動かすこと（技能面）が重視される教科である。この「できる・できない」のなかには，運動を「①理解して技ができる，②理解していないが技ができる，③理解しているが技はできない，④理解も技もできていない」の4つがある。しかし，子どもが「理解して技ができる」のかどうかを見るのは難しい。そのため，技が「できる・できない」だけに着目されやすい。

そこで本実践では，上記の①や③のように，運動について思考し，理解しながら技に取り組む子どもをめざし，「逆向き設計」論での実践に取り組んだ。本教材は，中学年の器械運動領域とび箱運動にある「台上前転」である。今回，技能のゴールを「高さのあるものの上で前転し，下に着地する」とした。また，「本質的な問い」を「かっこいい台上前転をするために，どのような体の使い方をしたらいいのか？」とし，技

を「する」だけでなく，「どのようにしているの？」「なぜそうしたのか？」と考えることにより，自分の体の動きについて考えながら活動が行えるように単元設計を行った。「永続的理解」は，「かっこいい台上前転とは，踏み切り・着手・回転運動・着地の一連の流れをスムーズに行うことができることである」と設定した（この4局面は4年生の目標。本実践は3年生なので，回転運動を除く3局面にしぼった）。

それらを見取るために，「パフォーマンス課題」は「自分の体の使い方についてインタビュー形式で答える」こととした。「インタビュー」では，実技ができなくても「なぜできなかったのか」を話すこともできるので，する方もされる方も楽しく行えると考えた。インタビューされるという前提で技に取り組むため，必然的に考えながら技に取り組むことができるだろう。また，「自分が身につけた力を説明する」という課題を設定することで，子どもたちが仲間と関わり合いながら技能を習得できることをねらいとした。

『UbD訳本』から学んだこと

体育科の学習は，領域や種目が多く，学んだことを次に行うのが1年後ということもある。そのため，運動の仕方を理解しないまま1年が過ぎると，また初期の動きからの指導になってしまう。しかし，運動の仕方を理解することで，学んだ動きを他の領域や種目に活用できる（「看破」）。その積み重ねによって，体育科の「見方・考え方」である，運動への多様な関わり方ができるということを学んだ。

表2-8-1　体育科　学習指導案

1 単元名	単元名：とび箱運動（台上前転／器械運動領域）		
	「見方・考え方」 運動やスポーツを，その価値や特性に着目して，楽しさや喜びとともに体力の向上に果たす役割の視点からとらえ，自己の適正等に応じた「する・みる・支える・知る」の多様な関わり方と関連づけること。		
2 単元目標	単元目標 ・とび箱運動の回転系の技の行い方を知るとともに，グループで支え合いながら，自己の能力に適した場で台上前転ができる。 ・台上前転の動きを言語化し，「したこと」・「その理由」を友達に伝えたり，文章に書いたりすることができる。 ・進んで台上前転の練習に取り組み，学んだことをもとに声掛けをしたり，友達と助け合って取り組んだりして，友達の成功を一緒に喜び合えるようにする。		
	観点別評価規準		
	（主体的に学習に取り組む態度） 運動に進んで取り組み，きまりを守りだれとでも仲良く運動をしたり，友達の考えを認めたり，成功を一緒に喜んだりしている。	（思考・判断・表現） 自己の能力に適した場で課題を見つけ，技ができるようになるための活動を工夫するとともに，友達に伝えたり，補助したりしている。	（知識・技能） ・台上前転は助走から両足で踏み切り，とび箱の手前に着手し腰を高く上げ，まっすぐ回転して両足で着地することを知る。 ・高い場で前転ができる。
	【重点目標】 「本質的な問い」 かっこいい台上前転とは，どのような体の使い方をしているのか？		【知識・技能】 ・両足踏み切りの仕方 ・着手の仕方 ・腰の位置 ・回転の仕方 ・着地の仕方
	「永続的理解」 かっこいい台上前転とは，「踏み切り・着手・回転運動・着地」（3年生は踏み切り・着手・着地の3局面）の一連の流れをスムーズに行うことができることである。その際，力強い両足踏み切りで腰を高い位置で保持することで，とび箱の上で回転することができる。また，膝を曲げ両足着地，目線を上げることで安全な着地ができる。		
3 評価方法	【パフォーマンス課題】 ・演技後のインタビューで「かっこいい台上前転の体の使い方」について答えましょう。 ・台上前転の体の使い方を，動きを言語化した言葉を使って表現しましょう。 ・インタビューでは，かっこいい台上前転をするために「したこと」と「その理由」を答え，失敗しても「しようとしたこと」と「その理由」を答えましょう。 ・演技の動きと演技後のインタビューを撮影しましょう。		【その他の評価方法】 ・体育ファイル ・活動の様子 ・実技の動画 ・チェックシート ・振り返り

2 単元の流れと授業の様子

（1）【第1～3時】開脚とび

開脚とびの学習では，うさぎとびや馬とびの学習を通して，足で踏み切る（踏み切り）・両手を着く（着手）・膝を曲げて静かに止まる（着地）ことを理解し，それぞれがスムーズに行えることが「かっこいい」ポイントであることを子どもと確認した。

「台上前転」と同じく「開脚とび」も中学年からの学習内容である。「開脚とび」は，うさぎとびや馬とびの動きと類似している点が多いため，既習の知識を用いて子どもは，その動きを言語化することで理解を深め，開脚とびができ

タブレットで自分の動きを確認

るようになった。また，グループの友達の動きやタブレットで撮影した自分の動きから，腰の高さや目線など，踏み切り・着手・着地の3局面の体の動きをみることができた。

第3時には，「かっこいい開脚とびの体の使い方」について演技後にインタビューし，答え方についてルーブリックを見ながら全員で確認した。以降，演技後には自分が「したこと」と「その理由」を答え，失敗しても「しようとしたこと」と「その理由」を答えるようにした。

グループは，体格を考慮した男女混合グループで編成した。体格が近いグループなのでお手伝い（補助）に無理がないという利点があり，技能差があることで対話が起こり，互いに支え合うことができた。また，グループで技の練習を行うときに具体的に話せるように，体の動かし方のポイントやコツを毎時間全体で交流し提示していった。グループでの役割も実技する子

表2-8-2　単元の構成

時間	学習活動	WHERETO の視点
1	「開脚とび」のやり方を知る。	O　単元に入る前から基礎感覚が養えるようなカリキュラムで学習を進める。
2	自分の力にあった場で「かっこいい開脚とび」に挑戦する。	H　「かっこいい」技の定義を全体で共有し，最後に発表会をすることを伝える。
3	演技後のインタビューで「かっこいい開脚とびの体の使い方」について答えよう。	T　技を行う場の高さを選べるようにしたり，お手伝いの数を相談して決めさせたりするようにする。
4	「台上前転」のやり方を知る。	O　事前に大きな前転について理解を深め，知識を活用できるようにする。 W　安定した台上前転をするために，運動のコツやポイントを理解できるようにする。
5 6 7	自分の力にあった場で「かっこいい台上前転」に挑戦する。	E　前転・大きな前転・マット2，3，4枚・とび箱1，2段のスモールステップで高さを上げていく。 E2 自分の動きをチェックシートでできているところ，できていないところをチェックし，より安定した技をするための動きを考えさせる。
8	演技後のインタビューで「かっこいい台上前転の体の使い方」について答えよう。	R　「台上前転するためには開脚とびの動きのどこを工夫すればよいか」を考えさせる。

（選手），見守る子たち（コーチ）とし，教え合い・学び合いを促すようにした。そうすることで，アドバイスや意見交換が活発に行われ，子どもは「できない」から「できた」ときに一緒に喜ぶことができた。言葉によるコミュニケーションだけでなく，お手伝い（補助）をすることで身体的にもコミュニケーションが行え，より信頼関係が増してきた。

自分に適した場での練習（コツ探し　第5時）

（2）【第4時】台上前転を知る

　台上前転は，「とび箱の上で前転し，下に着地する」技である。技自体は初めて見る動きだが，「マットでの前転・開脚とびの踏み切り・着地が使えそうだ」「踏み切り・着手・着地の3局面は同じだ」と，第3時までの知識を活用して，台上前転の動きを局面ごとに分解して考えることができた。そこで，ゴールをとび箱の上でできることとはせず，4年生へのつながりとして，マットを重ねた高さのある場で前転ができ，安全に着地することを3年生の技能面でのゴールとし，それぞれの高さで練習をした。

　これにより，運動が苦手な子も無理せず自分の能力にあった場を自分で選んだり，グループからのアドバイスをもらいながら選んだりすることができた。

（3）【第5〜7時】自分の能力にあった場での練習

　第5時では，「台上前転」を行ううえで，「高さのある場で前転するためにはどうしたいのか」について考えさせた。低い場では，前屈の状態ですでにおしりが頭よりも上になる。しかし，場が高くなるにつれ体が起き上がり，おしりの位置は頭よりも下になり，うまく回れない子どもがでてきた。この課題を解決するために，「力強い踏み切り」がポイントとなった。また，場が高くなるにつれ，体を支持するためにとび箱をしっかりつかむこと（着手）や安全に着地することをポイントとして加えた。3局面を確認したあと，一連の流れでできるように自分に適した場で練習し，技能の習得をめざした。全体交流の場で子どもから3局面に加え「回転」の仕方についても意見が出たが，3年生であるため3局面にしぼって考えることとした。

　第6時・第7時と進むなかで，自分の課題に挑戦し意欲的に技の練習に取り組むことができた。「本質的な問い」を子どもに問うことで，台（マット）の高さを求めるのではなく，「できた」を「いつでもできる」や「きれいにできる」ようにしたいと考える子どもが出てきた。問いをもつことで，さらに運動の仕方の理解についても深めることができた。最後の練習の場面である第7時は次ページで詳述する。

（4）【第8時】演技発表会を開く

　単元のまとめとして，演技発表会と演技後のインタビューを行った。このとき，演技やインタビューの様子をタブレットで撮影した。

　そして，自分の演技を確認しながら，「本質的な問い」に対しての答えを体育ファイルに記入した。直後のインタビューでは答えられなかった子どもも自分の動きを確認し，「したこと」と「その理由」を答え，失敗しても「しようとしたこと」と「その理由」を記述することができた。

3 第7時の授業の様子——自分の能力に あった場での練習

（1）多様な動きをつくる運動をする

　本単元では，毎授業の導入で，くま歩きやう さぎとびを折り返し運動で行わせ，手の平をつ けること，中指を前に向けること，手で体を支 える感覚を養った。

　さらに，よじのぼり逆立ちをさせることで逆 さ感覚を養った。これらの動きを台上前転につ なげていった。

（2）モデル映像の動きを確認する

　電子黒板を用いて，台上前転のモデル映像 （NHK for School）を見せ，必要な動き（踏み切 り・着手・回転運動・着地）を全員で確認した。 また，今まで集めた動きを言語化した言葉も確 認し，友達の動きに対してどんな言葉でアドバ イスすればよいかを共有した。

モデル映像の確認（NHK for School）

（3）グループごとに，自分の能力に適した場 で台上前転の練習をする

　グループ内（4人）で1〜4番まで決め，そ の番号順に時間を区切って練習を行った。1人 が連続して行うことで，周りは何度もアドバイ スができ，実技者は失敗しても何度もやり直す ことができる点が良かった。「もっと腰を上げ て」「さっきよりも良くなってきたよ」と声を かけられ，成長をすぐに実感できたことで，「次 はマットを1枚増やそう」「前の腰上げの動き で確認しよう」と自己の能力に合うように練習

自分に適した場での練習（支え合い　第7時）

の場を行き来する様子が見られた。

　また，タブレットで動きを撮影（遅延再生ア プリを使用）して，自分の動きを客観的に確認 したり，動きを見ながらアドバイスを受けたり することで，「本質的な問い」の「かっこいい 台上前転とは，どのような体の使い方をしてい るのか？」を考えながら活動することができた。

（4）全体交流をする〜 実技⇒インタビューを班で行う

　最後に，本時で見つけた動きやコツを全体で 共有した。加えて，実際に1人の子どもに演技 をさせ，その後インタビューを行った。評価の 観点は，技の出来栄えや行う場のマットの枚数 （高さ）ではなく，演技後のインタビューの答 え方のルーブリックに示したものである。イン タビューについて子どもたちで評価する練習を 行い，教師が「今のは○○の説明が言えていて よかったね」と評価することで，パフォーマン ス課題に向けて全体で評価の基準も共有するこ とができた。

実技直後に動きやコツについて発表（インタビュー）

表2-8-3　ルーブリック

レベル	記述語
5	演技の3局面で頑張ってしたこと，気をつけてしたことを理由づけて答えることができるだけでなく，よりかっこいい台上前転に向けて改善点も答えることができる。
4	演技の2つ以上の局面で頑張ってしたこと，気をつけてしたことを理由づけて答えることができる。
3	演技で頑張ってしたこと，気をつけてしたことを理由づけて答えることができる。
2	演技で頑張ってしたこと，気をつけてしたことを答えることができる。
1	演技の感想を答えることができる。

　上記のルーブリックは思考を見取るために使用した。技能面は最終的に何枚のマット（1枚～6枚）もしくはとび箱1・2段を用いたかというチェックリストで評価した。ルーブリックの内容は，最低ラインとして，3局面のなかでとくに自分が意識したところを表現できればと考えた。レベルの差として，意識した局面の数で作成した。これにより，子どもは3局面を意識してパフォーマンス課題に取り組むことができた。

　ここでは，インタビューを紹介できないため，第8時の振り返りを紹介する。インタビューのみでなく，振り返りを書くことによって，インタビューで話すことが苦手な子の思考面を評価することができると考えた。

　「逆向き設計」論を学ぶ前と違い，技能面だけを求めることがないので，運動が苦手な子も自分の考えや思いを伝え合うことができた。また，運動が得意な子も，「なぜできたのか？」「友達はなぜできないのか？」と考えることで，積極的に関わりながら学習を進めることができ，友達ができたときには，一緒に喜び合い感動を共有することができた。これにより，動きを「みる・知る・支える」といった，2017年版学習指導要領体育科の「見方・考え方」に迫ることができた。ただ技能の練習をするのではなく，運動に多様に関わり合うことで運動が好きになり，豊かなスポーツライフにつながっていくと

レベル3の評価の作品

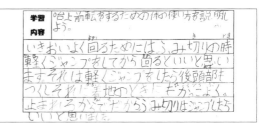

「踏み切り」を意識することで，一連の流れがよくなると考えていることがわかる。

レベル5の評価の作品

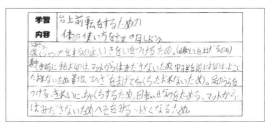

演技の各局面で行う体の動きについて，クラスで集めた言葉を使いながら説明することができている。

考えられる。

　一方，ルーブリックを局面の数でレベル分けしたことで，子どもの局面への意識は高まったが，同じレベルでも動きの理解についてバラつきがみられた。この結果から，ルーブリックを局面の数ではなく，動きの理解の表現に注目すればよかったと考えた。局面ごとの動きについては毎時間言語化し共有していたので，その言葉を使い自分の動きや改善点を表現することで，今後は質的なパフォーマンスを見ることのできるルーブリックを作れるだろう。

第3章

『理解をもたらす
カリキュラム設計』
を共有する

はじめに　「逆向き設計」論を活かした教員研修

西岡加名恵

本章では，「逆向き設計」論にもとづく教員研修のあり方を提案する。学校改善を進めるうえでの基本的な考え方を確認したのち，「学力評価スペシャリスト研修」と「乙訓スタンダード」開発の実践例を報告したい。

　「逆向き設計」論にもとづくと，さまざまな教員研修をワークショップの形で開催することができる。たとえば，①「本質的な問い」「永続的理解」を明確にしつつ，パフォーマンス課題のシナリオを考えるワーク[1]，②考案したパフォーマンス課題に向けて，効果的・魅力的な指導の展開を考えるワーク，③実践された授業を観察して，改善策を考えるワーク，④子どもたちが課題に対して生み出した作品を用いてルーブリックをつくり，目標や評価方法，指導の改善策を検討するワークなどである。「逆向き設計」論の提供する共通の枠組みがあることで，時には教科を越えて，教師同士の対話を活性化することができる。本書の巻末資料では，そういったワークショップなどでも活用できるテンプレートやワークシートを収録している。

　さて第3章では，「逆向き設計」論を活かした教員研修の実際について検討する。第1節では，教員研修を設計し，カリキュラム・マネジメントや学校改善につなげていくうえで基盤となる理論的・実践的知見を整理している。

　第2節から第4節にかけては，京都大学大学院教育学研究科 E.FORUM で 2017 年度に実施した「学力評価スペシャリスト研修」について報告している。この研修は，8月にパフォーマンス課題づくりのワークショップを経験した受講者が，10月と12月には，作成した指導案やそれぞれの現場での実践報告などを持ち寄り交流し，3月には成果を報告するというものであった。第2節では，研修で用いられた「教職

ポートフォリオ」の設計と活用の実際を紹介している。また，第3節では，研修にあたって開発された目標・評価規準（基準）として，「学力評価スペシャリスト」としての力量形成をとらえる「長期的ルーブリック」と「目標達成チェックリスト」の試案を提案している。さらに第4節では，実際に研修に参加した教員に見られた成長について，アンケートや受講者の語り，事例の分析を通して検証している。

　第5節は，「逆向き設計」論を応用して8校の中学校が取り組んだ，「乙訓スタンダード」づくりの実践を報告している。これは，現場の先生方の知見を集約して，ある程度，目標・評価規準（基準）を標準化することを図ったものである。具体的には，観点別学習状況欄の評価を評定欄の評価にどう転換するか，各教科において観点別の重みづけをどう設定するかについて，共通のルールを明確にしたことで，「知の構造」と評価方法の対応を意識しつつ，評価方法（テスト問題やパフォーマンス課題）の工夫について議論が深まっている。

　「逆向き設計」論は，教師が指導計画を立てるうえでの有効な枠組みであるとともに，効果的な教員研修を設計するうえでも示唆に富むものである。第3章の内容が，教員研修を担当される先生方の参考となることを期待したい。

---

1) パフォーマンス課題づくりのワークショップの内容については，次のウェブページ掲載の動画参照。https://e-forum.educ.kyoto-u.ac.jp/seika/movie/

学校のカリキュラム・マネジメントにどう位置づけるか

石井英真

「逆向き設計」など，新しい考え方や手法に挑戦することを，一過性のイベント的な取り組みに終わらせるのではなく，教師の成長と学校の持続的な学校改善につなげていく上でのポイントについて述べていく。

1 「逆向き設計」論を活かした教員研修

パフォーマンス評価など，新しい考え方や方法への取り組みが，「やらされてる感」の強い一過性のものとなるのではなく，その学校や教師の実践の核となる部分（学校の文化や教師の観）を鍛え直したり問い直したりする契機となり，持続的な学校改善につながるうえで，どのようなことがポイントとなるのか。そもそも教師はどのようなプロセスを経て学び成長するのか。

本節では，これらの問いについて考え，教員研修をデザインし，それをカリキュラム・マネジメントや学校改善につなげていく基盤となる理論的・実践的知見をまとめておこう。また，「逆向き設計」論への取り組みを，教師の成長にどうつなげうるのかを示したい。

2 教師としての力量形成の基本的な道筋

書店やネット上には，ノウハウや○○方式があふれているが，それらを適用するだけでは授業は遂行できない。子どもたち，教師，教材が織りなす相互作用のなかで，教師は，子どもたちの個性的な反応を受け止め共感したり，それに合わせて技術を組み合わせたり新たに創造したり，思い切って当初の計画を変更したり，授業の目標自体を設定し直したりと，即興的な判断が求められる。そして，そうしたドラマのような創造的な過程であるからこそ，学校の授業は，知識の習得にとどまらず，深い理解や創造的思考，さらには，豊かな内的経験も含めた，包括的で有意味な学習成果を実現しうる。日本の教師たちが追究してきたのは，まさにそうしたドラマとしての授業であった。

こうした教師の仕事における判断や熟慮や配慮の重要性は，「教育的タクト」（授業における臨機応変の対応力），「ジレンマ・マネージング」（授業過程で発生する無数のジレンマについて，その時々に瞬時に判断し，やり繰りしていく教師の仕事）といった具合に，さまざまな形で強調されてきた[1]。多様な領域にまたがる専門的知識を実践過程において統合する見識や判断力が教師の専門性の核であり，その熟達の程度（判断の妥当性や熟慮の深さや配慮の厚さ）が教師の力量の程度を決めるのである。

そうした教師の力量は，大学での教員養成において完成するものではなく，生涯にわたる「研修」（研究と修養）を通じて形成されていく。ここで研修という場合，自治体などが提供する制度化された研修のみならず，校内研修，公開研究会，研究サークルへの参加といった自主的な研修，さらには日常的な力量開発も含んでいる。

では，現場での研修やさまざまな経験を通じて，教師の実践的な技や判断力はどのようにして磨かれていくのだろうか。それは，スポーツや芸道などの技の学習一般がそうであるように，基本的には，「なすことによって学ぶ」という形を取る。すなわち，教室の外側で理論を学んで実践に当てはめるのではなく，実践のな

かで反省的に思考し，教訓（実践知）を蓄積しながら，実践をよりよいものへと自己調整していくわけである。よって，教師の力量を磨くには，授業の構想・実施・省察の全過程を，教師自身の学習の機会としてどう充実させられるかがポイントとなる。

　また，そうした教師の学びは，同年代や先輩教師たちとの間の，タテ・ヨコ・ナナメの重層的な共同関係の下で遂行されていく。たとえば，経験の浅い教師にとって，先輩教師（熟達者）たちにあこがれ，それらをモデルとして創造的に模倣するというプロセスは重要な意味をもっている。ここでいう模倣とは，単に表面的な行動を真似るのではなく，目の前の状況に対して，「○○先生ならばどう考えるだろうか」と思考し，めざす授業像，および，思考方法や感覚を共有することである。そうして実践者としての問題や対象への向かい合い方を模倣することは，それを徹底すればするほど，自分なりのスタイルを構築すること（モデルからの卒業）につながるだろう。

　すぐれた判断を支える実践知の多くは，論理的に明示的に言語化されにくく，具体的なエピソードや，それに関する感覚や意味づけの形で，暗黙知（感覚的で無意識的な知）として，実践者個人や実践者の間で蓄積されている。こうした，実践共同体に蓄積されている実践知は，あこがれの教師のように日々思考したり，同僚と授業や子どものことについて対話したり，実践記録を読んだり書いたりするなど，生のエピソードや事例を介した判断過程の追体験を通して学ばれていく。

　そうして経験を通して暗黙的な実践知を学ぶ一方で，教科内容，子どもの学習，教育方法などに関する諸理論（形式知）を学ぶことも重要である。理論を学ぶだけで上手に実践できるわけではないが，だからといって理論を学ばな

いというのは誤りである。教師たちが自らの実践を支えている論理を自覚化し，より広い視野から実践の意味を理解し，それを語る言葉をもつ。それは，教師の感覚的な判断を根拠や確信を伴ったものとし，実践の変革可能性や柔軟性も準備するだろう。教師の学びは，模倣と省察の過程で理論知と実践知を統一する研究的な学びとして遂行されねばならないのである。

　長いスパンで教師としての成長をとらえるなら，教職生活において，授業観，子ども観，さらには教育観全体に関わる変化や転機があるものである。それは，問題を抱えた子どもたちとの出会いと交流の経験，すぐれた先輩や指導者との出会いのみならず，職務上の役割の変化や個人および家庭生活における変化など，学校内外のさまざまなことがきっかけとなって生じる。教師は，さまざまな困難に直面するたびに，自らの教職アイデンティティを問い直すことで成長していく。

　以上のように，教師の学びや成長は，個別の手法や方式（skills）の獲得（acquisition）という短期的に成果の見える表層的な部分のみならず，判断力や技量（competencies）の熟達化（expertise），さらには観やアイデンティティ（beliefs and values）の編み直し（unlearn）といった長期的で根本的で深層的な部分も含んで，重層的にとらえられる必要がある。

3 教師の成長を促すしかけと場づくり

（1）日本の教師たちの実践研究の蓄積

　すでに述べたように，教師の力量を磨くには，授業の構想・実施・省察の全過程（授業研究のサイクル：図3-1-1）を，教師自身による実践的研究として遂行していくことが重要である。授業研究のサイクルは，教師の哲学（理想とする子ども，授業，学校の姿，および，それを

図3-1-1　教師の実践的研究としての授業研究の
　　　　　サイクル（筆者作成）

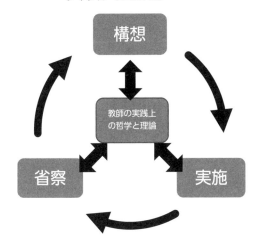

根拠づける思想）によって発展の方向性が規定
される。また，教師が理論的学習や実践的経験
を通して構築してきた教科内容，学習者，授業
展開や学級経営の方法などに関する知恵や経験
則である「実践のなかの理論（theory in
practice）」（暗黙知の部分と形式知の部分から成
る）によって，それぞれのフェーズでの判断の
妥当性が規定される。逆に，教育活動の構想・
実施・省察のサイクルのなかで，教師の実践上
の哲学と理論は再構成されていく。

　教育活動の構想・実施・省察のサイクルが，
教師の実践的研究のサイクルとなるかどうか
は，それを通して教師の哲学，理論，技量の洗
練や再構成（教師としての学びと成長）が促され
るかどうかにかかっている。その際,とくに「省
察（reflection）」のフェーズが，シングル・ルー
プ学習として展開されるか，ダブル・ループ学
習として展開されるかが重要となる[2]。

　たとえば，サーモスタットは，温度が高すぎ
たり低すぎたりすると，それを感知して設定し
た温度に調節する。これがシングル・ループ学
習である。これに対して，設定温度自体が本当
に適切なのか，さらに，快適さと節電のどちら

を優先するかという前提価値をも問い，作動プ
ログラムや基本方針自体を見直すのが，ダブル・
ループ学習である。

　省察が，授業での子どもの学習の評価や次の
授業での改善の手立てに関する議論（問題解決：
シングル・ループ学習）にとどまることなく，
目標や評価の妥当性自体も検討対象とし，教育
活動の構想・実施のあり方や子どもの学習過程
に関する理解をも深める議論（知識創造：ダブル・
ループ学習）となることが重要なのである。そ
して，そうした知識創造を促すうえで，構想・
実施・省察のサイクルを他者とともに協働的な
営みとして遂行していくことが有効であり，日
本の「授業研究」（授業公開とその事前・事後の
検討会を通して教師同士が学び合う校内研修の方
法）が諸外国から注目されるポイントもそこに
ある。

　日本では，日々の実践のなかでの教師個々人
のインフォーマルな学びに加えて，以下のよう
な教師の学びの場が重層的に存在している[3]。
①教育委員会や大学における講習や研修（教師
たちは理論や教育方法についての講義やワーク
ショップを受ける），②民間教育研究団体や研究
サークルなど，学校外での自主的な研究会（実
践報告や実践記録を持ち寄り交流し，共同で批評
し合う），③教師の授業研究を中心とした校内
研修（授業を学校内や学校外に公開し事前・事後
の検討会を行う）。①は主に知識や手法の獲得を
目的とする。②③は主に実践交流,実践の省察,
実践的な理論や方法の共同創出を目的とする。

　近年の授業研究においては，「実践のなかの
理論」の意識化と再構成を促すものとして，校
内研修，とくに事前よりも事後の検討会から学
ぶこと（事例研究）が重要だとされてきた。そ
して，学力向上が叫ばれ授業改善が課題とされ
るなかで，授業公開を中心とした校内研修は多
くの学校で実施されている。

また，学校をめぐる問題が複雑化し，教師や学校への信頼がゆらいでいるなか，教師個々人の力を伸ばすという視点だけでなく，学校の組織力を高めるという視点から，学習する組織の中心（教師達が力量を高め合い，知を共有・蓄積し，連帯を生み出す場）としての授業研究の意味にも注目が集まっている[4]。教師個々人の力量形成や授業改善の営みと，教師集団の組織力の構築や学校改善の営みとを結びつけて考えていく視点が求められるのである。

（2）カリキュラム・マネジメントの生かし方

　授業改善をめざすといったときに，しばしばそれは新しい手法の導入と，その効果を検証しながらよりよい手立てを探る効果検証型の研究として遂行されがちである。しかし，そうした取り組みは，手法の洗練にとどまりがちで，教師の成長と学習する組織の創出といった視点が見落とされているのではないか。たとえば，現場ではアクティブ・ラーニング（Active Learning：AL）などの授業改善の手立てへの注目度は高い。しかし，何のためのALなのかを問うことなく，「どうやったらALを実践したことになるのか」と，特定の型を求める技術主義に陥っていないだろうか。また，教師個人レベルでの授業改善にとどまっていないだろうか。

　こうした傾向を是正するうえで，カリキュラム・マネジメントを意識することは有効である。2016年12月に出た中央教育審議会答申では，カリキュラム・マネジメントの3つの側面として，下記が挙げられている。① 各教科等の教育内容を相互の関係でとらえ，学校教育目標を踏まえた教科等横断的な視点で，その目標の達成に必要な教育の内容を組織的に配列していくこと。② 教育内容の質の向上に向けて，子どもたちの姿や地域の現状等に関する調査や各種データ等にもとづき，教育課程を編成し，実施し，評価して改善を図る一連のPDCAサイクルを確立すること。③ 教育内容と，教育活動に必要な人的・物的資源等を，地域等の外部の資源も含めて活用しながら効果的に組み合わせること。

　このように，カリキュラム・マネジメントは，目標・指導・評価の一貫性を問い，目標実現に向けて，学校や教師集団がチームとして，教科の枠も越えて，協働的・組織的に実践とその改善に取り組むことの重要性を提起するものといえる。新学習指導要領では，ALとカリキュラム・マネジメントが両輪とされているが，そのことの意味はこのような文脈でとらえられる必要がある[5]。

　教師個人レベルの授業改善が進むことが必ずしも，学校改善や子どもの学びの充実につながるとは限らない。教師によって子どもたちが態度を変えているような状況は，学校として崩れにくい安定した状況とはいえない。「この先生の授業（だけ）は信頼できる／この先生の授業を受けられてよかった」ではなく，「この学校の授業は信頼できる／この学校の授業を受けられてよかった」という，その学校の授業に対する面の信頼を構築していくことが肝要である。

　授業のクオリティは，教師同士が学び合いともに挑戦し続けるような同僚性と組織文化があるかどうかに大きく規定される。すぐれた教師がたくさんいる学校がよい学校なのでは必ずしもなく，その学校にいると普通の先生が生き生きとしてすぐれた教師に見えてくるような，挑戦が認められみんなが高めあっている空気感のある学校がよい学校なのである。そして，そうした学校のさまざまな次元の社会関係資本（つながりの力）や組織力を土台として，子どもたちの学力や学びの質は高まっていく。

このように，一過性の改革ではなく，持続的な授業改善・学校改善につなげていくためには，教師たちが目の前のすべての子どもたちの学びにチームとして責任を引き受け，協働で授業改善に取り組むシステムと文化の構築が重要である。とくに，今回の改革の本丸である高校においては，教師個々人が個人技を競うこと以上に，こうしたチームで授業改善に取り組むシステムと文化を確立していくことが追求されるべきである。

小学校は学級王国，中・高は教科の壁が高く，それが教師同士の協働や連帯を妨げているといわれるが，高校については，同じ教科内でもそれぞれの主張や流儀に干渉しあわない風土があるのではないだろうか。専門職としての各人の自律性を尊重しつつも，それが対話の機会を欠いて授業を私物化するようなことにならないよう，目の前の生徒にとって本当の意味での最善を同僚とともに考えていくことが重要だろう。

（3）ヴィジョンの対話的共有と教師たちが対話し協働する場の組織化

本業である授業を通して学び合う組織を創っていくうえでは，ヴィジョンの共有と協働する場づくりの両者を関連づけつつ追求していくことが有効である[6]。

コンピテンシー・ベース，資質・能力ベースのカリキュラム改革は，教育政策の立案に関わる者のみならず，それぞれの学校や現場の教師たちが，理念や目的に関わる議論に正面から向き合うこと，すなわち，目の前の子どもたちに何が必要なのか，どのような社会を，どのような学校教育をめざすべきなのかといった，学校教育目標やヴィジョン（めざす学校像や子ども像）を自分たちの頭で考えることを求めている。

各学校で学校教育目標を語り合う機会をもつことは，ALなどの新しい手法の導入が，上からの手法の押しつけや形式主義につながるとの危惧に対して，現場の自律性を担保し，実質的な創意工夫を促しうる。教師たちが協働で，子どもや学校の実態や課題について話し合い，そこからめざす子ども像や実践上の合い言葉や学校全体で取り組む手立てを共有していく。いわば学校評価を教育目的・目標づくりと教師集団づくりにつなげていく。

たとえばALを導入するにしても，その学校の課題やヴィジョンに即して必要性を明確にし，その学校なりの定義を創出・共有していく。そうした学校の診断的な自己評価に裏づけられたボトムアップの協働的な目標づくりによって，実践の基本的な方向性や目標を共有する一方で，それぞれの教師の実践哲学や授業スタイルを生かした創意工夫を尊重し，新たな実践の提案を期待するわけである。

また，協働する場づくりという点について，先述の「授業研究」をヴィジョンの共有の営みと結びつけて展開していくことが有効だろう。めざす子ども像をただ掲げるだけでなく，その実現をめざして実践を積み重ね，その具体的な学びの姿を，また，それを生み出す手立てや方法論等を教師集団で確認・共有していく。主体的・協働的に学ぶ子どもたちの具体的な姿とはどのようなものか，子どもたちにゆだねるとはどういうことなのか，これらの問いについて実践を通して教師同士がともに学び合っていくことが重要なのである。新しい取り組みの良さを頭で理解するだけでなく，それに向けて実践し，実際に子どもたちの姿が変わってはじめて，教師たちは取り組みの意味を実感し授業は変わっていく。

たとえば，思い切って子どもたちに思考をゆだね，その試行錯誤を見守り教師が出ることを待ったところ，一見，授業は冗長に見えたが，事後の検討会で観察者から子どもたちが確かに

学んでいた事実が語られた。これをきっかけに，授業者，そして同僚の教師たちは，子どもたちにゆだねて大丈夫なんだという安心感や見通しを得ることができ，その学校の授業が変わり始めた，といった具合である。

研究授業の機会などを生かして少し背伸びして挑戦するとともに，そこでの学びの事実を丁寧に読み解くことで，挑戦したからこそ生まれる子どもたちのふだんと違う学びの可能性に気づくといった具合に，授業評価的なシングル・ループ学習にとどまることなく，子どもの学びのプロセスや授業という営みの本質に関する理解をも研究的に深めるダブル・ループ学習を志向することが重要なのである。

カリキュラム・マネジメントというと，多くの教師にとっては他人事で，管理職が行う管理的なペーパーワークのようにとらえられてはいないだろうか。これに対し，中央教育審議会答申のカリキュラム・マネジメントの側面①に関して，カリキュラムづくりを，表づくりではなく，具体的な子どもをイメージした学びの地図づくりとして，側面②に関して，目標・評価のサイクルを，機械的な作業（ノルマの達成）としてではなく，創造的な実践（飽くなき価値追求）としてとらえていくことが重要だろう。そして，側面③に関しては，行政による条件整備や必要なサポートの不十分さを現場の自助努力で補わせることで，結果として現場からカリキュラムづくりの力を奪うことにならないよう，カリキュラムづくりの主体として現場を尊重し権限をゆだね，エンパワメントしていくことが求められる。

授業改革をめざすなら，めざす学びのプロセス（協働することや思考が深まること）のイメージを，教師たち自身が自らの学びにおいて追求し自分の身体をくぐらせて理解しておくことが重要である。主体的・協働的な学びをめざしな

がら，教員研修でペアやグループで話し合う機会があっても活発な議論にならない，正解のない問題に対応する力を育てたいといいながら，「新学習指導要領の弱点や課題は何か」という点を考えたこともないという状況はないだろうか。

子どもの学びと教師の学びは相似形であって，学びの変革に取り組むとともに，自分たちが子どもたちの学びのモデルとなっているかどうかを問い，子どもたちに経験させたい学びを教師たち自身が経験するような，教師の学びの変革も同時に追求される必要があるのである。

（4）「逆向き設計」論に埋め込まれた教師の成長の契機を生かす

特定の手法を現場の外側で学び適用していくことは，それが手法自体の洗練に向かうなら，一過性の取り組みになりかねない。しかし，漸進的な教師の成長や教師間の協働や学校の組織力の高まりとリンクするなら，教師や学校に挑戦の機会を生み出し，実践の飛躍をもたらしうるだろう。

学んだ手法について，その意味を自らの実践において子どもの変容で確かめつつ，自分のものとしていく。その過程で，手法の背景にある教育観や思想をもつかむことで，自らの技量や観を磨いていく。こうしたプロセスは，自律的に研究的に学び合う教師集団があってこそ効果的に促される。教師個人のレベルで，また，学校組織のレベルで，新しい手法が触媒となって挑戦的な学びが起こり，新しい手法がそれぞれの現場の実践や文化に埋め戻され，個性化（手法からの卒業と現場の知恵と文化の豊饒化）されることが重要なのである。

さらに，「逆向き設計」論には，教師の力量の核を育てる契機を見いだすことができる。教師の力量，とくにカリキュラム・単元・授業の

構想力の核にあるのは，目の前の具体的な子どもたちの思考過程に添って，授業のプランを読んだりリアルに想像したりできるかどうか（子どもが「見える」かどうか）という点である[7]。

目標は評価と一体であり，板書はノートと一体であり，指導言は子どもの反応と一体なのである。そして，こうした構想力を磨くうえでは，「目標と評価の一体化」（毎時間のメインターゲットを1つに絞り込み，それを授業の出口の子どもの姿でイメージすること）を日々意識しながら，1時間単位でなく単元単位で，さらにはより長いスパンで目標（子どもの成長）をイメージするようにしていくことが重要である。

さらに，そうして子どもたちにつかませたいものを具体的に絞り込んだうえで，「教えたいものは（教師からは）教えない」，すなわち，教えたいものを子どもたちの学びたいものにする，思考する必然性のある教材・学習課題づくりを心がけるとよいだろう。

「本質的な問い」を考えることは，メインターゲットの絞り込みを促すとともに，その入れ子構造に着目することで，よりメタで長期的に追求すべき目標を意識することにつながる。また，そうした問いについて「永続的理解」を考えることは，出口の子どもの姿で目標をイメージすることを促しうるだろう。

さらに，ルーブリックづくりを，評価を意識した事例研究として進めていくことで，子ども理解一般ではなく，教科内容に即して子どものつまずきへの理解を深めたり，認識の深まりをイメージしたり，それぞれの教師の学びをとえるものさしや教科観を交流・吟味する場として生かしていくこともできる。そして，パフォーマンス課題に取り組むことは，思考する必然性を生み出す学習課題づくりへの意識を生み出し，教科書を絶対視せず，子どもの生活風景や学びの文脈に即した単元設計や教材研究へと踏み出すきっかけとして生かせるだろう。

1) 佐藤学『教育の方法』左右社，2010年，柴田義松『現代の教授学』明治図書，1967年，吉本均『授業の構想力』明治図書，1983年を参照。
2) Angyris, C. and Schön, D. A., *Theory in Practice: increasing professional effectiveness,* San Francisco, CA: Jossey - Bass, 1974.
3) 石井英真編『教師の資質・能力を高める！アクティブ・ラーニングを超えていく「研究する」教師へ』日本標準，2017年などを参照。
4) 北神正行・木原俊行・佐野享子編『学校改善と校内研修の設計』学文社，2010年を参照。
5) 石井英真『中教審「答申」を読み解く』日本標準，2017年。
6) 石井英真編『授業改善8つのアクション』東洋館出版社，2018年などを参照。
7) 石井英真『授業づくりの深め方』ミネルヴァ書房，2020年を参照。

教職ポートフォリオの設計と活用

西岡加名恵・田中容子

教員研修において，ポートフォリオはどのように活用できるのだろうか。本節では，「学力評価スペシャリスト研修」における「教職ポートフォリオ」の活用例を報告する。

1 教職ポートフォリオの設計

（1）ポートフォリオとは何か

　教師の力量形成・力量向上を図るうえで，教師が自身の到達点や課題を的確に把握することは，一つの鍵となるだろう。そのような自己評価を促進するうえでは，ポートフォリオを活用することが有効だと考えられる。

　ポートフォリオとは，学習者（教員研修の場合は教師）の作品や自己評価の記録，指導者（研修担当の講師）の指導と評価の記録などを，ファイルや箱などに系統的に蓄積していくものである。また，ポートフォリオ評価法とは，ポートフォリオづくりを通して，学習者の自己評価を促すとともに，指導者も学習者の学習活動と自らの教育活動を評価するアプローチである。

　ポートフォリオを実践するにあたっては，目的や活用方法などを共通理解すること，資料を編集する作業を行うこと，定期的に検討会を行うことがポイントとなる[1]。

　京都大学大学院教育学研究科 E.FORUM で

図3-2-1 「教職ポートフォリオ」

2017年度に実施した「学力評価スペシャリスト研修」においては，受講者に「教職ポートフォリオ」の作成と活用を求めた（図3-2-1）。これは，京都大学においてすでに開発・活用されている「教職課程ポートフォリオ」[2]をモデルとしたものである。本節では，その実践について報告しよう。

（2）目的・目標の設定

　「学力評価スペシャリスト研修」は，パフォーマンス評価やルーブリック，ポートフォリオ評価法などに関して的確に理解し，教師や学校の指導にあたることができるような「学力評価スペシャリスト」を育成することを目的とした。8月に2日間，10月・12月に各半日間，3月に1日の研修を提供した（受講者は全19名）。

　学力評価に関しては，身につけることが望ましい知識やスキルがさまざまにある。しかしながら，本研修では，それらを網羅的に扱うのではなく，「逆向き設計」論における「知の構造」（第1章第1節参照）に即して整理することをめざした。そこで，「学力評価スペシャリスト」で育成をめざす力量の柱として次の5つを設定した。

> A．教科の本質を追求する単元構想
> B．学習者主体の授業構想
> C．「目標に準拠した評価」の実現
> D．カリキュラムの改善
> E．その他

5つめとして,「E. その他」を設定したのは,4つの柱でとらえきれない部分がありうると考え,受講者の皆さんに提案いただく余地を残したかったためである。

「教職ポートフォリオ」については受講者の力量形成を支援するとともに,研修の効果を検証できるような資料を蓄積することを目的とした。受講者には,8月の研修の場で研修とポートフォリオの目的を説明するとともにA4判のクリアファイル(リング形式で30穴ポケットが加除可能なもの)を提供した。その冒頭には,研修のオリエンテーション資料とともに,「一枚ポートフォリオ」[3](次ページの資料3-2-1),「目標達成チェックリスト」(本章第3節参照)を挿入しておいた(それぞれA3判用紙1枚)。

これらの資料は,4回の研修でめざしている目標を明確に意識していただくとともに,受講者自らが自身の変化をとらえるために活用できるものとして期待した。さらに今回のプロジェクトを通して,力量形成のレベルをとらえる長期的ルーブリック(第3節参照)も開発されたため,今後に「教職ポートフォリオ」を活用する際には冒頭に長期的ルーブリックも挿入されるとよいだろう。

(3) 力量の柱に対応するセクション

さらに「教職ポートフォリオ」については,育成をめざす力量の5つの柱に対応させた5つのセクションに分けて資料を蓄積していただけるよう,各セクションの扉を色用紙で作成し,クリアファイルに入れておいた。

オリエンテーション資料において,ポートフォリオに収録していただきたい資料を例示する(表3-3-2,126ページ参照)とともに,受講生には8月の研修以降,関連する資料を蓄積しはじめるよう依頼した。

2 研修プロセスでの活用

(1) 研修の概要

では,次に,実際にポートフォリオを活用しつつ取り組まれた研修の様子を紹介しよう。

まず8月の研修では,「カリキュラム設計入門——パフォーマンス課題づくり」(担当：西岡加名恵)と「若い教師に伝えたい授業づくりの発想」(担当：石井英真)に関してワークショップを提供し,単元構想や授業指導案などの作成に関わる基礎的な内容を説明した。

10月の研修では柱Aと柱B,12月の研修では柱Cと柱Dに関して補足する講義の後,3つのグループに分かれて,現場での実践をふまえた交流を行った。それぞれのグループを,北原琢也・盛永俊弘・田中容子が担当し,じっくりと実践の様子を聞き取るとともに,それぞれの悩みに即したアドバイスを提供した。3月には,本研修の成果と今後に向けての課題を検討するシンポジウムを開催した。

ここでは,10月・12月の研修において,筆者(田中)が担当したグループ(国語・英語の教員が参加)での研修の様子を中心に紹介しよう。

(2) 研修を通して見られた参加者の変化

英語・国語グループ7名の参加者は,初めてパフォーマンス評価を学ぶ方たちから,すでに実践を始めて数年になる人たちまで,そのバックグラウンドは多様であった。そのため,グループにおける議論のなかでは,基本的な質問や悩みが出される一方,経験者からの適切なアドバイスでそれらが解決する,また全員の理解が一歩進むなど,まさに実践交流がその名のとおりの効力を発揮した場となった。8月の「全国スクールリーダー育成研修」に始まり,10月の第1回フォローアップ研修を経て12月の

資料3-2-1 「一枚ポートフォリオ」

E.FORUM 学力評価スペシャリスト研修　一枚ポートフォリオ

Cf. 堀哲夫『教育評価の本質を問う　一枚ポートフォリオ評価 OPPA』東洋館出版社、2013年

平成 29 年度　所属＿＿＿＿　職名 教諭　氏名 竹村有紀子

【0】（研修開始時）学力評価に関して重要だと思われることを3つ書いてください。

- 学習者（指導者）にとって（実感を伴う現状把握と次への目標（動機付け）となり）学習の指針（指導）となること。
- （評価を気にするあまり）挑戦や自由な探求を妨げるものにならないこと。
- 成長の過程（学びに向かう姿勢）も結果も評価できるものであること。

【1】全国スクールリーダー育成研修

① 参加にあたっての目標（達成したいこと）
←事前にご記入ください。

- 「主体的、対話的で深い学び」を促すための活動と評価法を見つける。
- パフォーマンス課題に係る、理論の理解を深める。（本質的な問い、永続的理解など）

② あなた自身にとっての成果

- 「主体的、対話的で深い学び」は、必ずしも少人数の活動で得られるものではない。一クラス団体の"練り上げ式"授業でも、学習者との人間関係をつなぎ、発問を工夫すれば実現できるということも知った。

③ あなた自身にとっての今後の課題

- パフォーマンス課題に関する理論を正しく理解し、シラバスを自分自身で作成し、学校のWorkgroupに提案できるようになること。

④ 残った疑問点

- より良いパフォーマンス課題の条件（レディネスなど）や課題のくみ立て方（本質的な問い、永続的理解）が、記憶と過去の資料の中にしかない。要点を再確認する必要がある！

【2】第1回フォローアップ研修

① 参加にあたっての目標（達成したいこと）
←事前にご記入ください。

- より良いパフォーマンス課題のつくり方と、留意すべき点を理論（考え方）とあわせて理解し、1人で作成、検討、改善できるようになる。

② あなた自身にとっての成果

- 勤務校で実践しているパフォーマンス課題で、ほぼ全員が最上位の成績を取ってしまうこと（より高い目標を示せていない）について改善するため、1つレベルを加えることもよい。
- Reading（読みとり）について、読み取った情報を自分の言葉でまとめることにより Readingの力を測るパフォーマンス課題がつくれる（国語と総合に）

③ あなた自身にとっての今後の課題

- パフォーマンス課題について（わかりやすいテスト）より高い目標をもたせられるルーブリックを作成する。

④ 残った疑問点

- より良い目標をもてるルーブリックとはどのようなものか。より良い力を計れる

【3】第2回フォローアップ研修

① 参加にあたっての目標（達成したいこと）
←事前にご記入ください。

- 到達度を示すルーブリックでありつつ、次の目標も明らかにできているルーブリックをつくる。

② あなた自身にとっての成果

- 全体研修で、授業改善が「個人プレイ」にならず（に）、学校として、「面」で目の前の生徒に責任を持つ働きかけをすべきだという視点を持てた。
- ルーブリックを示して生徒に取り組ませる以上は、必ず上限を超えて力を発揮する生徒が出てくる。それにそなえて、1つ上の段階の評価（絶対評価）を加えると、正しく評価しないと生徒にとっても次の目標にもならない。

③ あなた自身にとっての今後の課題

- 授業や評価方法について改善が、点（個人）ではなく面（チーム）でできるように働きかける必要がある。（筆記テスト重視／相対評価のような体制）を改める。
- 生徒がより高いスキルや能力の活用を目指せる課題と評価基準をつくり実施する。

④ 残った疑問点

- チームとして、目標に準拠した評価をできるように、すすめるには、どのような働きかけができるか。

【4】実践交流会

① 参加にあたっての目標（達成したいこと）
←事前にご記入ください。

- 研修を通して改善できたルーブリックを見直し、本質的な問いに対する永続的理解が適切かどうか吟味する。（見直せそう）
- 現勤務校の活動の成果を最大限にするためにできることや「逆向き設計」の考え方を効果を浸透させるためにできることも見出す。

② あなた自身にとっての成果

- どの活動においても、「到達目標を明確にして、教師も学習者もそれを共有して全員でゴールに向かうことで、エネルギーや時間を最大限に活かし、学習者の能力を、目指した方向に支障的にのばせる。
- まずは目標（ゴール）を共有、何をすれば良いのか分析して、要素を見出して、意識的に統一して指導する体制をつくる。（共有された到達目標の中で）これからに実践していく。

③ あなた自身にとっての今後の課題

- 子どもの成長を促すパフォーマンス課題をつくり、実践する」という大きな変化を目標として、まずは（現任校の）既存の活動について、到達目標を明らかにし（他の教員と協議し、共有）、ゴールした生徒の姿を皆でイメージしながら指導する体制をつくる。（共通意識で）

④ 残った疑問点

- 「教え込み」の授業で一定の世間からの評価や成果を得ている勤務校において、「知っている・できる→わかる・応用できる→使用できる」力を育もうとする意義を集団として持てるようになるには自分自身が「知の構造」の理解を深める必要がある。

【5】（研修終了時）学力評価に関して重要だと思われることを3つ書いてください。

- 教師も学習者も、到達目標（目指すべき姿）を明確に持って学習に挑み、その上で評価できるものであること。
- 学習の指針（次の段階への成長の目標）として、学習者の成長や発達をひき上げるもの（目標）であること。
- 学力とは何か、その分野の根本的な理解とは何かを問い直してから（共有され）実施されるべきもの。

【6】　【0】と【5】の記述を比べて気づいたこと、考えたことなどを書いてください。

- 「評価とは、組織（チーム）内で共有されて実践されるべきものである」ということに改めて気づいた（実践を試みる中で実感した）。
- 「学力とは何か」（本質的な問い、理解とは何か）根本を問い直さなければ正しい評価は行えないということを実感した。

【7】本研修全体についてのご意見・ご感想など、ご自由にお書きください。

- 以前の実践で教わった手法やなんとか覚えている理論に頼ってパフォーマンス課題の実践をしようとしていた自分には、背景の理論の理解が不足していることを実感した研修だった。より良いものを目指そうとする時や協働する仲間を増やそうとする時に、何を考えてどう工夫すれば学習成果が上がるのか、フォーラムでいただいた資料を何度も目通し「ああ、そうだった」と思い出すことが多かった。自分の中に系統立った理解が構築できていないことも実感した。それを認識できたことは、次に目指すべきステップがわかったという意味で大きな成果だった。講義だけでなく、同じ教師として研修に参加されている他の先生方の理解されている内容や実践から学ばせていただいたことが多かった。ありがとうございました。

第2回フォローアップ研修では，各実践者がそれぞれの段階からさらに一歩確実にパフォーマンス評価についての認識を深め，実践上の次の課題を見つけたことが確認された。

以下に，参加者が研修を通して学力評価についての理解を深め，新しい展開を獲得していった過程を，実践交流で報告された内容と発言，ならびに教職ポートフォリオとして提出された資料を引用しながら検討する。

①パフォーマンス評価との出会いと理解の深まり

初めてパフォーマンス評価実践に取り組んだ参加者として，2人の例を紹介して，何が学び取られたかを考察したい。

まず，渡辺佳代子先生（高校・国語）の実践を追ってみよう。渡辺先生は「パフォーマンス課題づくりについて基本的な考え方を学ぶこと」を目標として8月の研修に初めて参加され，「パフォーマンス課題について70パーセント程度理解」したので「パフォーマンス課題を創り実践すること・学んだことを校内で共有すること」を今後の課題としながらも，「パフォーマンス課題をどう実践すればよいのか？」という疑問が残ったとして研修を終えられた。

10月の第1回フォローアップ研修には発表形態の授業実践をもって参加されたのだが，他参加者との交流の後，次のような振り返りを残されている。「1：参加にあたっての目標：自分の作成したパフォーマンス課題は適当なのかを知ること。2:成果:［持参した］実践はパフォーマンス課題ではなく単元の主発問だとわかった。他の参加者の実践資料を見てすべきことがわかった。他府県の実践者とつながり，アドバイスを受けられた。3：今後の課題：実践を改善して単元計画を新たにつくること。4：疑問点：国語の『小説』のおもしろさとは何か，と

いう『本質的な問い』に対する『永続的理解』とは？」。ここでは，「発表」させるだけで良いパフォーマンス課題となるわけではない，ということが理解されている。「本質的な問い」をもつことがパフォーマンス課題の核であると実感され，それが次回への課題の明確化につながったのである。

渡辺先生は第1回フォローアップ研修の後，すぐに新しいパフォーマンス課題に取り組まれた。それは「こころ」の単元で行われたもので，「『こころ』のおもしろさとは何か？」が「本質的な問い」として設定された。課題は，次のとおりである。

小説のおもしろさを発見しよう：あなたはKです。自殺して死んだ後，ひょんなことから，先生の遺書を読んでしまいました。すると，そこに書かれていたのはお嬢さんをめぐる自分と先生とのやりとりです。読み進めていくうちに，自分の思いと違う部分がいくつか出てきました。「あの時自分はそんなふうには思っていなかった」，「あの時はこんなことを考えていた」…言いたいことは山ほどあります。そこであなたは，先生に向けて手紙を書くことにしました。その手紙の内容を考えて書きなさい。

この課題に応えて活発に考えグループ内で意見交換し発表する生徒の姿が報告された。グループでの議論のなかで，特定の作品に特化するのではない，小説の読解に汎用的に使える「本質的な問い」があるのではないか，という方向性が見えてきた。

さらに高校3年間の国語教育の全体像を見渡す渡辺先生の構想案も発表された。渡辺先生はパフォーマンス評価を8月の研修で初めて学ばれたのだが，8月の研修，10月・12月の研

修と，回を重ねるごとに理解を深め，実践に自信をもたれてくるのがみてとれた。それはご本人の次のようなメモからもうかがわれる。

> 「本質的な問い」について
> 8月の時点では全然わかっていませんでした。➡10月ちょっとわかりました。
> ➡12月でも，まだ不十分だったことがわかりました。

12月の時点での「目標達成チェックリスト」（表3-3-2，126ページ）を見ると，下記の項目が「完了」という自己評価となっている。

> ・パフォーマンス評価とは，どのような評価なのか？
> ・パフォーマンス課題を用いる意義は何か？
> ・担当教科において，パフォーマンス課題はどのような単元に位置づければよいのか？
> ・担当教科の「本質的な問い」・「永続的理解」（教科の特質に応じた「見方・考え方」）はどのようなものか？
> ・パフォーマンス課題のシナリオは，どのように作ればよいのか？（妥当性，真正性，レリバンス，レディネス）

次に，ヘレダ・ディアナ（Gereda Izarra Deysa Diana）先生（中学校・英語）の変化に注目したい。ヘレダ先生は中学校で英語を教えながら，校区の小学校へも英語担当として出向いて英語を担当している。学力評価について学ぶとともに，どのような授業づくりが生徒にとって必要なのかを理解することを目標として8月の研修に参加された。この時点では「本質的な問い」「永続的理解」について疑問が残ったようである。

2学期に小学校英語で早速パフォーマンス課題に取り組まれ，10月の第1回フォローアップ研修で報告された。それはALTと共同で行った小学校での英語授業で，体育館にコーンを並べて道をつくり，骨折したように見せかけて腕を三角巾でつるしたALTが子どもたちに"Show me the way to the hospital."と頼み，子どもたちが英語で案内する——という言語活動である。「怪我をしている！　大変！」という設定が効果を発揮し，子どもたちは勇んで英語での案内に意欲を示した。まさにパフォーマンス課題の性質を包含した言語活動だと参加者から評価された。

この時は，ヘレダ先生は「授業案（単元案）をどう書いてよいかわからなかった」とのことだったが，実践交流で他の参加者の授業案が参考になり，次回への課題が「単元案を書く」となった。

その宿題は12月の第2回フォローアップ研修で提出された。前回報告されたパフォーマンス課題が単元設計テンプレートにまとめられて「どのように外国人に道案内すればよいのか」という「本質的な問い」と，「道案内は，相手からの情報を正確に理解し，相手の反応を見ながらジェスチャーを入れて表現するとよい」という「永続的理解」とともに，「外国人を目的地まで案内しよう」というパフォーマンス課題が記入されていた。

12月には中学校英語で取り組んだパフォーマンス課題が発表された。設定されたテーマについてニュースキャスターとコメンテーターとのやりとりを，各グループ内で英語で行う，というパフォーマンス課題である。実施して初めて難度が高かったことに気づき，柔軟に対応して課題を変更。まず日本語でテーマについての自分の意見を作成するよう指示し，少なくとも2文を作るよう励ましたところ，全員が自分の意見を書くことができた。次の時間に英語に直

す指導をした，というものである。

実践報告を受けて，参加者からは，生徒の実態とパフォーマンス課題レベルの齟齬に気づいてまず日本語での表現を取り入れたのはgood！，ニュースキャスターとコメンテーターの場面設定だったが，子どもたちが自分で書いた自分の意見をそのまま英語で発表する素朴な課題でまず始めてみてはどうか，成功体験が大切なので課題の難度が高すぎたと気づいたら目標を変更するのは良かった，等の意見が相次いだ。

ヘレダ先生の実践についての交流では，単元設計の中身は目の前の子どもの状態を反映するものなので，実践途中に課題内容が変更されることも時には必要なのだということが実感された。このヘレダ先生の課題は，「難度が高すぎるのでは？」というベテラン参加者からのアドバイスを受けて，この実践がまだ途中のものだったということも幸いし，当初の「テーマについてニュースキャスター役とコメンテーター役が英語でやりとりをする」というものから「一人ひとりの生徒が自分の意見を英語2文で言える」という目標へと変更することができたのである。

英語の授業はとかく「使えるかどうか」が問われるので，実践者は「対話的に使える場面」を求めるあまりに生徒が実際にできる以上のパフォーマンス課題を設定してしまうことがあるが，生徒の実態をよく見極めて適切な課題を設定することの大切さが確認された。

ヘレダ先生は，ポートフォリオのなかで「自分のパフォーマンス課題について課題が見えてきた。いろいろな先生のパフォーマンス課題を見て『パフォーマンス課題とは何か』を知ることができた」と述べている。

②パフォーマンス評価を教員集団で

ある学校で，個人が，あるいは1教科がパフォーマンス評価を実践しているがその他の教員はそれについて無理解である，という場合も少なくないだろう。しかし，たゆまず同僚と語り合い，実践のなかで生徒の成長に励まされ，生徒を育てる評価としてのパフォーマンス評価を地道に続けながら，共に実践する同僚を増やしている人たちもいる。次に，人見節子先生（高校・英語）と竹村有紀子先生（高校・英語）を紹介したい。

人見先生は英語教育重点化事業の拠点校での中核的存在であるが，「自校の生徒がめざす学力像を具体化して，教科の枠を越えて指導法を共有できる教員集団を形成できればと思います。まず，そのための基礎知識の共有ができる環境を整える方法を学びたい」という目標をもって8月の研修に参加され，「いろいろな視点からの講義を聴き，自分の興味・関心の幅が広がったように思います。また，さまざまな学校の先生方との意見交流では，共感を得られることが多く，今後の実践へ向けての意欲が高ま」ったとの振り返りがなされた。

12月の第2回フォローアップ研修には勤務の都合で出席できなかったが，後日提出いただいた教職ポートフォリオでは，英語科が教科として学校全体を対象として取り組んだスピーチコンテスト，第2学年全体を対象とした異文化コミュニケーション課題等，教員集団で実践された多彩な資料が収録されていた。そこからは，評価活動が，まさに「生徒を育てる」ために使われていることが実感として伝わってくる。

次に，現任校で同僚とともに行っているパフォーマンス課題とそのルーブリックを"生徒を育てる"という観点からとらえなおし，改善点を明確にして，同僚と合意できる範囲内でルーブリック改訂版を創った竹村先生の実践を

紹介する。

竹村先生は、「より良いパフォーマンス課題のつくり方と留意すべき点を、理論と併せて理解し、1人で作成・検討・改善できるようになる」ことを、第1回フォローアップ研修の目標とされていた。その時、実践報告されたパフォーマンス課題は「プレゼンテーションの後に、その振り返りとしての応答をペアで行う」というもので、4段階のルーブリックが付されていた。

しかしそのルーブリックを実際に評価に使ってみると、ほとんどの生徒がレベル4に相当するという結果になった。交流会での意見交流を経て竹村先生は「真面目で力のある生徒が多いので、ほぼ全員がレベル4に相当する。これは、生徒のなかにはそれ以上の力を発揮する者も多数いるのにそれを評価できていないことを意味している。ルーブリックが生徒のレベルに合っていないといえるので、それを改訂する」ことを次回への課題とされた。

第2回フォローアップ研修までに、4段階で作成されているルーブリックに上のレベルを1つ加えて5段階にすることが試みられた。しかし教科内の合意形成に時間が足りなかったため、レベル4の内容を充実させる方向での改訂が行われた。このことは、レベル4を獲得するには以前よりも難度の高いパフォーマンスが要求されることを意味した。ルーブリックは事前に生徒に示したうえでパフォーマンス課題を遂行させたため、高くされた要求にかなうパフォーマンスをする生徒の数が増え、それを評価という形で生徒に認識させることができた。

同僚との合意が得られる形を追求しつつ行われた柔軟な改善であったが、生徒が発揮できる力のレベルアップに成功したといえる。竹村先生自身の振り返りには「授業や評価方法についての改善が個人ではなくチームでできるように働きかける必要がある、という視点をもてた」

と記されていた。

③研修にポートフォリオが果たした役割

研修グループでの交流では、パフォーマンス課題の進め方、職場における取り組み方は参加者によってさまざまであるが、参加者全員が「良いものを実践したい」という意気込みをもって、参加者同士の交流のなかで理解が進むという有意義な循環が見られた。

「本質的な問い」を考えぬくなかで教材理解が深まるのだということ、学習者が「わかる」という実感を得ることのできる日頃の授業の積み重ねがあってこそパフォーマンス課題が生徒を育てるものになるということ、これらが共通理解されたことは大きな成果であった。

参加者が自分の学びと理解の進展を丹念にポートフォリオに綴っていたことが、参加者自身が自分の成長を自覚することにつながったといえるだろう。さらにそれが相互交流に生かされて参加者全員に共有されていったのが有意義であった。

3 受講者からのコメント

3月に行った最後の研修においては、受講者に、研修について評価するアンケートへの記入を依頼した。そこで寄せられた「教職ポートフォリオ」についてコメントを紹介しておこう。

まず「教職ポートフォリオ」について5段階で評価を求めたところ、「5：とても価値がある」6名、「4：価値がある」7名、「3：どちらともいえない」0名、「2：あまり価値がない」0名、「1：まったく価値がない」0名、「無回答」1名であった（回答者14名）。

アンケートでは、「教職ポートフォリオ」の「良い点」「改善すべき点」についても、自由にご記入いただいた。そこでは、「自分の作品や

案などを具体的に管理することで，いろいろな振り返りをすることが可能なのでよいです」，「記録としてファイリングすることで，自己の成長や反省材料として後で分析できることがよい」，「何度もポートフォリオを見直すことで，自分の偏りや課題を具体的に考える機会となりました」など，振り返りに有効だという意見が5名から寄せられた。

また，「最初からセクションを用意していただいたので，どんな作品にすればよいか，大枠をつかむことができました」，「このポートフォリオを活用することで，思考の整理をすることができました」，「ポートフォリオの提出があることで，やりっぱなしになることがなく，資料の要・不要も整理しながら進められた」など，ポートフォリオ自体が研修の効果を高める効果をもつことをうかがわせる記述もあった。実際に生徒にポートフォリオを作成させている先生からは，「生徒の戸惑いも体験的に理解できました」という声も寄せられた。

一方で，「それぞれのセクションで，どのような資料があるとよいのか，さらに明確化していただくと，より充実していくのではないかと感じました」など，何を入れればよいのかにやや戸惑ったという声も3名から寄せられた。また，「もうすこし継続したいです」と書かれた方もあった。

ポートフォリオは，本来，1年から複数年といった長期スパンで取り組むことによって真価を発揮するものである。今後，より長期での取り組み，活用事例を増やすことで，より効果的な「教職ポートフォリオ」の実践が生み出されることを期待したい。

---

1) 西岡加名恵『教科と総合学習のカリキュラム設計──パフォーマンス評価をどう活かすか』図書文化，2016年参照。
2) 西岡加名恵・石井英真・川地亜弥子・北原琢也『教職実践演習ワークブック──ポートフォリオで教師力アップ』ミネルヴァ書房，2013年参照。
3) 堀哲夫『新訂・一枚ポートフォリオ評価OPPA──一枚の用紙の可能性』東洋館出版社，2019年参照。ただし，本研修で用いたものは，より目標を意識していただく形にアレンジを加えている。

教師の力量形成をとらえる長期的ルーブリックとチェックリスト

北原琢也

パフォーマンス評価や「逆向き設計」論にもとづくカリキュラム設計の方法を的確に理解し，教師や学校の指導にあたることができる教師の力量形成をとらえる長期的ルーブリックとチェックリストの提案をする。

1 学力評価スペシャリストの力量形成をとらえる5つの柱

　2017年・2018年版学習指導要領では，「資質・能力」の育成がめざされ，そのためのカリキュラムや多様な評価方法の開発が喫緊の課題となっている。これらの認識をふまえ，パフォーマンス評価，すなわちパフォーマンス課題，ルーブリック，ポートフォリオ評価法などに関して的確に理解し，教師や学校の指導にあたることができるような「学力評価スペシャリスト」を育成することを目的として，京都大学大学院教育学研究科 E.FORUM では，2017年度に「学力評価スペシャリスト研修」（本章第2節参照）を実施した。

　この研修プログラムにおいては，学びの資料をポートフォリオに蓄積しつつ，その学びについての省察を促した。また，「学力評価スペシャリスト」として必要な資質・能力の水準に到達したかどうかを認定する評価基準として，事前にチェックリストを提示するとともに，研修プロセスを通して長期的ルーブリックを開発した。本稿では，それらを紹介する。

　なお，学力評価に関して教師として身につけることが望ましい知識・技能はさまざまにある。しかし，本研修では，それらを網羅的・羅列的に扱うのではなく，「逆向き設計」論の「知の構造」に即して整理し，次の5つの柱を設定した。

> A．教科の本質を追求する単元構想
> B．学習者主体の授業構想
> C．「目標に準拠した評価」の実現
> D．カリキュラムの改善
> E．その他

　A～Dの柱は，A「教科の本質を追求するような単元構想とはどのようなものか？」，B「学習者主体の授業をどう構想するか？」，C「『目標に準拠した評価』をどう実現するか？」，D「カリキュラムをどのように改善すればよいのか？」という，教師として繰り返し直面する「本質的な問い」に対応している。また柱 E は，受講者から独自の視点を提示していただくことを意図したものである。

　以下で紹介する長期的ルーブリックとチェックリストも，これら5つの柱に即して教師の力量形成をとらえるものとなっている。

2 長期的ルーブリック（試案）

　「学力評価スペシャリスト研修」に参加していただいた受講者には，初めて E.FORUM の研修に参加された方から，10年余り前からパフォーマンス評価の実践づくりに取り組み，今は指導的な立場にある方までがいた。したがって，受講者のニーズも多様であり，図らずも初心者・熟達者それぞれが乗り越える課題が明らかになることとなった。そこで，この研修を通して学力評価スペシャリストとしての力量を実

践的知識・スキルの熟達化，実践的思考の熟達化，実践的行動の熟達化がどのように形成されるのかをとらえるような評価基準を，ルーブリックの形で開発することをめざした。

次ページの表3-3-1に示したのは，その実態をふまえて仮説的に作成した長期的ルーブリックである。このルーブリックでは，学力評価スペシャリストとしての力量形成の過程を「初心者（novice）」，「中堅（advanced）」，「熟達者（routine expert）」，「適応的熟達者（adaptive expert）」[1]という4つのレベルでとらえることとした。その内容は，以下の通りである。

「初心者」は，学びはじめて研修内容を機械的に当てはめようとしているレベル，「中堅」は，研修内容を一通り修得したレベル，「熟達者」は，研修内容を使いこなすレベル，「適応的熟達者」は，研修内容を状況に応じて柔軟に使いこなし，自身が他者への研修を担当できる，あるいは，手法だけではなく，その背景にある理論や精神を自分のものとして，研修内容を対象化できるレベルとして想定した。

したがって，ここで提案している長期的ルーブリックは，学力評価に関する最新の専門的な理論を習得することだけをめざしたものとはなっていない。たしかに，この研修では，パフォーマンス評価や「逆向き設計」論にもとづくカリキュラム設計の理論を中核とした内容を提供した。しかしながら，長期的ルーブリックは，それらの専門的な理論をふまえ，受講者が日々生きた教育現場の文脈のなかで実践を展開することを期待する内容で記述したものとなっている。

具体的には，それらの実践資料等を用いた各種研修会で学び合うことによって，柱Aでは，教科の本質を的確にとらえ，子どもの深い理解への具体的な筋道（思考過程）と関連づけて，それを教材の様式に落とし込ませ，「本質的な問い」，「永続的理解」，パフォーマンス課題，ルーブリックを設計できることをめざす。柱Bでは，導入・展開・終結で終わる構想ではなく，学びの物語を子どもにゆだねる部分（山場のある授業）を効果的に組織化した単元構想ができることをめざす。柱Cでは，子どもの生きた学びの授業展開（ドラマ）に応じて，目標のみにとらわれずに子どもの学びをとらえ，単元の途中で学びの道筋（思考過程）や終末の課題を再設計できることをめざす。柱Dでは，日々生きた教育現場の文脈のなかで行われる授業のC（評価）を出発点とし，目標自体の再構成をも視野に入れるP（計画）・D（実施）・C（評価）・A（改善）サイクルの確立と学校全体のカリキュラム改善のリーダーシップをとることをめざす。

なお，柱Eについては，受講者からの提案をふまえ，「総合的な学習（探究）の時間」に関する内容を織り込むこととなった。

③ 目標達成チェックリスト（試案）

表3-3-2（126ページ）には，「学力評価スペシャリスト研修」において受講者に示した目標達成チェックリストを示している。これらは，長期的ルーブリックに示されたような力量形成を進めるうえで支えとなるような知識・スキルについて，見通しを与えることをめざしたものである。また，表には，「5つの柱」に対応してポートフォリオにどのような関連資料を残すことができるのかについても例示している。

チェックリストの項目を整理するに当たっては，「問い」の形式で作成した。その理由は，「学力評価スペシャリスト研修」は，決してそれぞれの「問い」に対する限定的な正答を受講者に求めるものではないからである。そこには，少なくとも次の2つのねらいがあった。

1つめは，学力評価に必要な資質・能力に関

表 3-3-1 「学力評価スペシャリスト」としての力量形成をとらえる長期的ルーブリック（試案）

柱 レベル	A. 教科の本質を追求する単元構想	B. 学習者主体の授業構想	
適応的熟達者	教科内容を構造化し，単元レベルだけでなく，より長期的な視野をもって，教科の本質を的確にとらえるとともに，それと目の前の子どもの具体的な思考や理解と結び付けて「本質的な問い」,「永続的理解」, パフォーマンス課題を設計し，それを子どもの学びのストーリーとして効果的に組織化した単元構想ができる。また，目の前の子どもの実態に応じて，単元の途中で学びの道筋や終末の課題を再設計することができる。学校のカリキュラム全体を熟知・展望し，他の教師にもコーチングやメンタリングができる。	学習者主体でかつ教科の学習として深まりのある1時間の授業を構想するだけでなく，授業の後にさらに学びたくなり，1時間の授業が次の授業へつながり，また授業外での継続的な学びへの導入になるような授業となっている。同僚の授業改善を支援することができる。	
熟達者	教科内容を構造化し，教科の本質を的確にとらえるとともに，それと目の前の子どもの具体的な思考や理解と結び付けて「本質的な問い」,「永続的理解」, パフォーマンス課題を設計し，それを子どもの学びのストーリーとして効果的に組織化した単元構想ができる。	ポイントを絞って子どもに学びの主導権をゆだねつつ，教科内容の理解を深めるのみならず，教科の本質的なプロセスを経験させるような授業を構想している。授業過程で子どもの発言や行動に臨機応変に対応し，思考をゆさぶり深める指導がある。	
中堅	知識・概念やスキルの類型をふまえて，本質的な内容をある程度とらえて，それを子どもの思考や理解と結び付けて「本質的な問い」,「永続的理解」, パフォーマンス課題を設計し，それを無理なく位置づけた単元構想ができる。	学び合いの機会を取り入れつつ，活動主義に陥ることなく，教科内容の理解を意識した授業を構想している。不十分ながら，授業過程で子どもの発言や行動をつなぎ，思考を深める指導がある。	
初心者	知識・概念やスキルの類型をふまえて教科内容の構造を不十分ながらとらえようとしており，本質的な内容をとらえきれてはいないが，「本質的な問い」,「永続的理解」, パフォーマンス課題を形だけは盛り込んで単元構想ができる。	グループ学習など，学び合いの機会を取り入れた授業を，機械的にではあるが構想している。子どもの思考に十分に絡めていないが，子どもの立場から授業をとらえようとはしている。	

C. 「目標に準拠した評価」の実現	D. カリキュラムの改善	E. その他（総合的な学習（探究）の時間）
「逆向き設計」の趣旨を活かしつつ，目標のみにとらわれずに子どもの学びをとらえるのみならず，単元を越えたより長期的な視野で指導と評価を構想している。学力の質の違いに応じて適切な評価方法，課題に即したルーブリックを，さらには，長期的ルーブリックや一般的ルーブリックをも作成し，その学校の学力評価計画作成の指針を提案できる。	指導者の日々の子ども理解にもとづくC（評価）を出発点とし，さらには，目標自体の再構成も行われる形でP（計画）・D（実施）・C（評価）・A（改善）サイクルを確立するのみならず，学校全体のカリキュラム改善とそれを軸にした学び合う組織としての学校づくりにおいてリーダーシップをとることができる。	子どもの探究を深める形で，総合的な学習（探究）の時間を計画・実施できるのみならず，育てたい子ども像につながりうる形で，領域構成も含めて，自校のカリキュラムの全体をデザインできる。
「逆向き設計」の趣旨を活かしつつ，目標のみにとらわれずに子どもの学びをとらえ，柔軟な指導を展開している。「知の構造」など，学力の質の違いを念頭に置きながら，観点の意味や構造を理解し，それに応じて適切な評価方法を設計するとともに，学びの深まりを適切にとらえたルーブリックを作成できている。	年間・学期・単元指導計画，評価計画について，CPDCAサイクルとして，さらには，目標自体の再構成も行われる形でカリキュラム改善のサイクルを確立し，同僚と協働してそれを実施している。	探究的な学びのプロセスをふまえるのみならず，学校カリキュラム全体で育てたい子ども像につながりうる形で，学校における総合的な学習（探究）の時間の目標，学習内容，育成すべき「資質・能力」，年間・単元指導計画および，評価観点，評価方法，評価基準の評価計画が作成でき，子どもの意欲を喚起しながら，課題意識の深まりを支援できている。
「逆向き設計」により評価を指導改善につなげられている。「知の構造」など，学力の質の違いを念頭に置きながら，観点の意味や構造をおおむね理解し，それに応じた多様な評価方法を用い，パフォーマンス課題については，ルーブリックも作成している。	年間・学期・単元指導計画，評価計画について，指導者の日々の子ども理解にもとづくC（評価）を出発点とし，「今現在の状況把握」→「現状の課題発見」→「課題の原因解明」→「改善策の提案」→「改善策の結果調査」の過程としてCPDCAサイクルを確立し，カリキュラム改善を実施している。	探究的な学びのプロセスをふまえて，学校における総合的な学習（探究）の時間の目標，学習内容，育成すべき「資質・能力」，年間・単元指導計画および，評価観点，評価方法，評価基準の評価計画を作成し，子どもの長期的な学びに寄り添っている。
指導改善と十分にかみ合っていないが，「逆向き設計」の形をなぞってはいる。「知の構造」など，学力の質の違いと観点との関連づけは不十分であるが，多様な評価方法を用いようとし，ルーブリック作成などにも取り組もうとしている。	年間・学期・単元指導計画と評価計画について，P（計画）・D（実施）・C（評価）・A（改善）サイクルでカリキュラムの改善を形だけは実施している。	学校における総合的な学習（探究）の時間の目標，学習内容，育成すべき「資質・能力」，年間・単元指導計画および，評価観点，評価方法，評価基準の評価計画を形式的には作成し，それを機械的に実施している。

表3-3-2 「学力評価スペシャリスト研修」における目標達成チェックリストと関連資料

	A．教科の本質を追求する単元構想	B．学習者主体の授業構想	C．「目標に準拠した評価」の実現	D．カリキュラムの改善	E．その他
チェックリストの「問い」	(1) パフォーマンス評価とは，どのような評価なのか？ (2) パフォーマンス課題を用いる意義は何か？ (3)「知の構造」と評価方法・評価基準は，どのように対応しているのか？ (4) 担当教科において，パフォーマンス課題はどのような単元に位置づければよいのか？ (5) 担当教科の「本質的な問い」・「永続的理解」（教科の特質に応じた「見方・考え方」）はどのようなものか？ (6) パフォーマンス課題のシナリオは，どのように作ればよいのか？（妥当性，真正性，レリバンス，レディネス） (7) パフォーマンス課題に取り組む力を身につけさせるために，どのように単元を構造化すればいか？ (8) 教科や単元を越える視点をパフォーマンス課題にどのように活かすか？	(1) 教科において，使えるレベルの学力（「見方・考え方」など）を育てる学習活動はどのようなものか？ (2) 目標を明確化するとはどういうことか？ (3)「教科書で教える」とはどういうことか？ (4) ここ一番で学習者にゆだねる授業展開をどうつくるか？ (5) どうすればパフォーマンス課題に向けて力をつけていく授業展開ができるのか？ (6) グループ学習など多様な学習形態をどう効果的に使うのか？ (7) 子どものつまずきを教師が生かすだけでなく子ども自身が生かす（自己評価力の育成につなげる）には，どのような手立てが考えられるのか？	(1)「目標に準拠した評価」の意義と課題は何か？ (2) 診断的評価・形成的評価・総括的評価とはどのようなものか？ (3)「資質・能力」の3つの柱に対応する有効な評価方法は何か？ (4) 情意領域（「主体的に学習に取り組む態度」）をどのように評価するのか？ (5) ルーブリックとは何か？ どのようにつくればよいのか？ (6) 学力評価計画をどのように立てればよいのか？（カリキュラム適合性，比較可能性，公正性，実行可能性） (7) 個人内評価をどのように位置づければよいのか？ (8) ゴールフリー評価（目標にとらわれない評価）をどのように位置づけるのか？	(1) カリキュラム・マネジメントとは何か？ (2) どのようにカリキュラム評価を行えばよいのか？ (3) カリキュラムの改善をどのように進めればよいのか？ (4) ルーブリックづくりから指導の改善をどのように図ればよいのか？ (5)「資質・能力」を育成するカリキュラム（年間指導計画）をどのように構想できるのか？ (6) ポートフォリオ評価法をどのように活用できるのか？ (7) 校内研修をどのように行えばよいのか？	「A．教科の本質を追求する単元構想」，「B．学習者主体の授業構想」，「C．『目標に準拠した評価』の実現」，「D．カリキュラムの改善」の4つの柱でとらえきれない部分を，受講者が提案。
関連資料	・「本質的な問い」，「永続的理解」，パフォーマンス課題を含めた単元指導案 ・パフォーマンス課題に対して生み出された子どもの作品例　など	・本時の学習指導案 ・授業の記録（写真，速記録，動画など） ・授業で用いたワークシート　など	・学力評価計画 ・校内の評価規準（基準）表　など	・カリキュラム改善策 ・校内研修の資料　など	・「総合的な学習（探究）の時間」のカリキュラム設計の取り組み など

する「問い」を探究することを入り口として,「問い」への理解を継続的に深めていくことである。

　そのように「問い」の理解を深めることによって,受講者自らの生きた授業の営みにおける実践的な知識・スキルや思考を「学び直し」,「わかり直し」[2]を図りつつ,目標達成チェックリストの項目についての学習を通して得られた理論的な知識やスキルとつなぎ,自らの実践を理論化し,深化・発展させ,適応的・創造的に熟達していく学力評価の力量形成を支援していくことである。

　2つめは,学力評価の力量形成を深めた受講者が,学校や地域の教育改善や改革を推進するスクールリーダーとして,学力評価の専門的な知識やスキルを学校現場の実践で活かせるものとして修得するとともに,受講者自身のカリキュラム設計や授業研究の方法などの開発・改革を支援する枠組みを提供していくことである。

　受講者へのアンケートでは,目標達成チェックリストに関し,「5:とても価値がある」8名,「4:価値がある」4名,「3:どちらともいえない」1名,「2:あまり価値がない」0名,「1:まったく価値がない」0名という回答が寄せられた。自由記述では,「『このようなことを学んでいけばいいのだな』という指針になりました」,「自分の弱点がわかりました」,「各研修内容をしっ

かりと振り返り確認することができました」といった声が寄せられた。一方で,「確認内容と自分の取り組みが直接リンクしているかどうかわからない語句があったので,やや書きにくいところもあった」,「チェックリストの問いに対するそれぞれの『答え』をさらに探究していくための方法をさらに知りたいと感じました」という意見も寄せられた。

　受講された方々の日々の生きた教育現場での実践とチェックリストの「問い」とを照らし合わせると,「目標と指導(学習)と評価」の一貫性が自問自答されていることがうかがえる。今後,受講された方々がこの研修で修得された情報や理解したことについて主体的に考え,判断し,生きた教育現場の文脈のなかで実践へと移すことで,実践的知識・スキルの熟達化,実践的思考の熟達化,実践的行動の熟達化・創造へと力量を高めて,学校や地域の教育改善や改革を推進するスクールリーダーとして,学校現場の実践で活かしていただけることを期待してやまない。

1) 波多野誼余夫・稲垣佳世子「文化と認知——知識の伝達と構成をめぐって」坂元昂編『現代基礎心理学7:思考・知能・言語』東京大学出版会,1983年,pp. 191 - 210。
2) 田中耕治『学力評価論の新たな地平』三学出版,1999年7月,pp. 107 - 110。

評価に関わる教師の力量形成の実際

黒田真由美・若松大輔

2017年度に実施された「学力評価スペシャリスト研修」において，教師はどのように学びを深めただろうか。参加者のパフォーマンス課題の理解の変化について，参加者の自己評価やポートフォリオ，検討会での語りからみていく。

1 「学力評価スペシャリスト研修」の意義

（1）大学に求められる教員研修

「学び続ける教員像」[1] が明示されて以来，教員研修への関心はいっそう高まっている。特に，大学は教員養成だけではなく，現職教員の研修の場でもある。大学院で学び知識を洗練させる教師もいれば，大学が実施する研修に参加し求めている知識を得ようとする教師もいる。大学は教師の多様なニーズに合わせた研修機会を設け，教師の力量形成の支援をめざしている。

課題となるのは，いかに大学で得られる知と実践とを結びつけるかということである。大学で得られた知をどのように実践で活かすのかは教師個人に委ねられており，そのハードルは非常に高い。しかしながら，大学の提供する研修が，知と実践とを結びつけるものとなれば教師にとってより有益なものとなってくるだろう。

（2）「学力評価スペシャリスト研修」の実施

大学で実施されている教員研修の例として，ここでは2017年度に実施した「学力評価スペシャリスト研修」を紹介したい。

E.FORUMでは，教育関係者を対象として「全国スクールリーダー育成研修」を実施している[2]。これにより，専門的な知識を現場へ提供したり，カリキュラム設計を支援したり，学校を越えた教員の学びあいのつながりを導いたりする等，教師のニーズに応える研修を実施してきた。一方で，研修で得られた知識を広めたり，実際に学校改善を進めたりすることに困難を感じる参加者へのフォローが不十分であることが課題として残されていた[3]。そこで，専門家のサポートを導入した「学力評価スペシャリスト研修」が実施された。

（3）「学力評価スペシャリスト研修」の特徴

「学力評価スペシャリスト研修」は2回行われるフォローアップ研修と，実践交流会を行うことを特徴としている。第1回フォローアップ研修は10月，第2回目の研修は12月に実施した。この研修は，講義の後，各教師の事例にもとづく検討会を行うという構成であった。

講義は，既存の知識を確認するだけではなく，教育研究の最先端に触れるものであった。検討会ではグループに分かれて，各教師の単元構想案や授業の指導案，ならびに実践した成果に関して検討した。具体的で個性的な実践にもとづいて議論が行われ，教育評価についての理解を深め，実践に取り入れることがめざされた。

3月には実践交流会が行われ，各自の実践の成果を発表した。

2 「学力評価スペシャリスト研修」の検討会でみられた参加者の変化

（1）4つの柱にみられた教師の変化

本研修は教師の力量形成にどのように寄与したのだろうか。まず，各教師による自己評価を手がかりに，全体の傾向性を示したい。参加

者には，研修を受ける前の8月と1回目，2回目の各研修後に，5つの柱（本章第2節，第3節参照）の問いに対して，3段階で自己評価[4]をしてもらった。ここではAからDの4つの柱についてみていく。理解の3段階は，「理解が不十分な内容」「説明を聞いて把握できた内容」「構想・実践できる水準まで理解できた内容」である。すべての研修に参加してポートフォリオを提出した13名の教師の理解度を数字に置き換えて，4つの柱ごとの平均値の推移を示したものが図3-4-1である。この図を見ると，全体的に教師が4つの柱の知識に対する理解が深まったと実感していることがわかる。また，研修を受ける前はAとBの柱が高く，CとD

の柱は低いものの，12月の研修後にはその差は縮小している。

しかしながら，項目ごとの推移に着目すると，すべての項目が単調に右肩上がりであったわけではない（図3-4-2）。8月から10月にかけて数値が下がっている項目もある。それは，「③『知の構造』と評価方法・評価基準は，どのように対応しているのか」，「⑤担当教科の『本質的な問い』・『永続的理解』（教科の特質に応じた『見方・考え方』）はどのようなものか」，「⑭グループ学習など多様な学習形態をどう効果的に使うのか」の3項目である。

この現象はどのようなことを示しているのだろうか。教師の自己評価が下がった点について，理解ないしは認識が浅くなったとは考えにくい。むしろ認識が深まったからこそ，理解度に対する自己評価が低くなったのではないだろうか。このことは次の参加者のコメントからも窺い知ることができる。「［10月の研修までの］事前準備として『自分の授業実践をA4判のレポートにまとめる』課題がありました。レポートの雛形には『本質的な問い』『永続的理解』『パフォーマンス課題』といった用語があり，［8月の］夏の研修でそれらの重要度が高いことは十分感じていたものの，いざ自分が作成しようとした時に『何をどう考えればいいのか』がわ

図3-4-1 各観点別平均値の推移

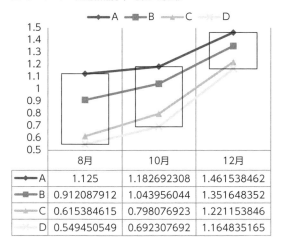

	8月	10月	12月
A	1.125	1.182692308	1.461538462
B	0.912087912	1.043956044	1.351648352
C	0.615384615	0.798076923	1.221153846
D	0.549450549	0.692307692	1.164835165

図3-4-2 各項目の推移

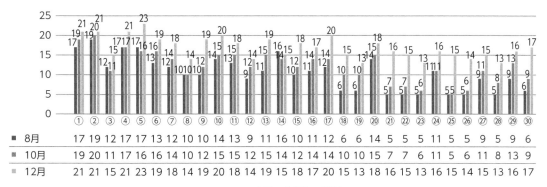

	①	②	③	④	⑤	⑥	⑦	⑧	⑨	⑩	⑪	⑫	⑬	⑭	⑮	⑯	⑰	⑱	⑲	⑳	㉑	㉒	㉓	㉔	㉕	㉖	㉗	㉘	㉙	㉚
■ 8月	17	19	12	17	17	13	12	10	10	14	13	9	11	16	10	11	12	6	6	14	5	5	5	11	5	5	9	5	9	6
■ 10月	19	20	11	17	16	16	14	10	12	15	15	12	14	12	14	14	14	10	10	15	7	7	6	11	7	5	14	11	8	13
■ 12月	21	21	15	21	23	19	18	14	19	20	18	14	19	15	18	17	20	15	13	18	16	15	13	16	14	15	14	15	13	17

■8月　■10月　■12月

からず，戸惑いました」。

　教師は，個人の内で知識を統合している。その知識が教育実践に関わるものであれば，認識が行為を導き，思考を伴う行為が認識を変容させる。このように考えるならば，教師による授業前の構想や授業中の省察は，認識を深める契機になるといえる。この認識の変容は，必ずしも知識の量的拡大のみを意味するわけではなく，「わからないことがわかるようになったこと」を含む認識の深化も含意している。したがって，自己評価における表面的な数字の低下は教師の力量が低下していることよりむしろ，次のステップへの過渡期であるととらえられる。

（2）検討会での語りにみられた変化

　ここでは，第1回，第2回フォローアップ研修に参加した教師がどのような問題に直面したのか，得られた知をいかに実践に取り込んでいったのかについて参加者の検討会での語りからみていく。

　第1回フォローアップ研修に参加した教師の語りには，パフォーマンス課題への理解を深める段階で抱く問題意識と，経験を積むなかで抱く問題意識が見いだされた（表3-4-1）。

　パフォーマンス課題に取り組みはじめたことで，「パフォーマンス課題とは何か」「テンプレートに何を記載するのか」といった問題意識が生じた。これに対し，専門家や参加者からそれぞれのキーワードについて何を記述すればよいか具体的な提案が行われ，概念の整理が進められた。たとえば，指導案をどのように記述しようか迷った参加者には，「先生が今工夫されていることを『永続的理解』のところに」というように，どこに何を記述するのかという具体的な提案がなされた。ルーブリックの設定はこれでよいのかという問いに対して，「先生が決めた目標によってルーブリックは変わるので，

課題の関連づけを決めて子どもに伝えることが評価の基本」であるという助言があった。このように，担当講師から参加者の実践を基本的な概念と結びつけながら，次の方向性が示された。

　パフォーマンス課題の実践を積み重ねている参加者からは，子どもの問いにどのように応えるのか，子どもの学びをどのように導くのかという視点から問題意識が示された。ルーブリックをつくってそれに則った授業をするだけでは教師の自己満足になり子どもの力を十分に伸ばせないと悩んでいる教師には，漠然とした概念ではなく子どもの具体的な記述を評価すると視点の獲得につながるのではないかとの提案がなされた。このように，参加者の実践の注目すべきポイントを指摘したり，実践を改善する具体的な方法を示すようなやりとりが行われた。

　第1回フォローアップ研修では，参加者の実践にもとづきながら，講義の内容についての理解を補ったり，パフォーマンス課題の実践のステップアップを促す様子がみられた。概念を抽象的なままではなく各自の実践と照らし合わせて具体的にとらえるということ，実践で抱いた問題の解決法を具体的に検討するということが第1回目の研修の特徴の一つといえる。

　第2回フォローアップ研修では，改善したカリキュラムや実践の報告が行われた。この研修でみられた問題意識はパフォーマンス課題の実践を積み重ねる段階と他の教師と課題を共有する段階が見受けられた（表3-4-2）。

　前者では，取り組んだ実践がパフォーマンス課題に該当するのか質問したり，教師と子どもの視点の違いを意識しつつルーブリックについて問うたりする等，実践の改良がめざされていた。新たな問題に対して，他の参加者は自分自身の経験談を語ったり，自分ならどうするか，自分が教えている子どもたちならどう答えるか考えながら議論する様子がみられた。発表者は

表 3-4-1　第 1 回フォローアップ研修で提示された問題意識

段階	分類	内容	語りの例	
			参加者の疑問	助言や議論
パフォーマンス課題への理解を深めようとする段階	テンプレート	テンプレートの記入方法 各項目に記入する内容	どういうふうに書こうかってものすごく悩んで悩んで，一応，うちでは，指導案っていって，ある程度本当に簡単なやつと，普段私が自分の授業をやる時にこういった指導案っていうのを毎回毎回やってるんですけど，これをまとめようってなった時にうわー，どういうふうにしようと思って。	先生が今工夫されていることを「永続的理解」のところに，箇条書きで書いていかれると第一歩は踏み出せるんじゃないかと。
	パフォーマンス課題	パフォーマンス課題にあてはまるか パフォーマンス課題の質	私が悩むというか，そもそも本当にこれがパフォーマンス課題っていうのか，というところや，算数の場合は解き方はいろいろあっても最終的に答えが 1 つになってしまうので，子どもたちのもっている力をどこで見たらいいのかな，っていうところで。	統合的，発展的な考え方を子どもたちに気づかせて，身につけさせたいところなんです。(中略) 子どもたちに問えるような「本質的な問い」が生まれてほしいなと思うんですよ。
	ルーブリック	ルーブリックの表現や設定 ルーブリックの利用方法	7，8 個アイデアをわーっと書いてくる子もいれば，人口が減る原因は，仕事がないことに起因するからってばーっと深く書いている子もいて，どちらもすごく考えているなって感じる，どちらもルーブリック的に A 評価というか良いという評価になりそうなんですけど，まったく書き方が違っていて，書き方全然違うけど同じ A でいいのかなっていうのを迷ったり，そもそもルーブリックのつくりかたが間違っていたのかとか。	やっぱり評価って目標に照らしてやるものなので，先生自身が何を目標にするのかっていうところだと思うんですね。なので，人口減少に対して多面的多角的に要因を関連づけるっていうことを育てようと思っておられるのであるなら，そういうふうに課題の関連づけを求めているんだよって，生徒たちに伝えないといけないし，そこができているかどうかが評価基準の一番基本になると思いますね。
パフォーマンス課題の実践を積み重ねる段階	「本質的な問い」	教科を学ぶ意義の提示	この教材自体はしばらく教えないかもしれないんですけど，次に古典作品を教えることになっていて，その古典作品も「古いものを勉強して何になるの」って言う子がいたりして，ちょっと困っているんですけど。	先生方が書かれた「本質的な問い」は間違っているということは絶対にありえないものなんです。ただこの単元に適切であるか，それからきちんと焦点を合わせているかというだけの差なんですよ。(中略) 教科の系統性を分析して，概念を抽出していって，単元ごと，とくに国語は領域が話す・聞く，書く，読む，その縦のなかで，共通した概念の枠組みって何かなっていうようなことをヒントに考えていただけたら案外，学ぶ意義が出ると思う。
	評価	子どもの力を伸ばす評価方法	ルーブリックをつくって，その指導に則った授業をするだけでは，その教師側の自己満足になるので，本当に学力水準の低い子どもたちに自分がどこができていないのか，どこを見ればいいのか，そこまではまだなかなか難しくても，もうちょっとここを工夫したら，そういった視点を 1 つでも 2 つでも身につけさせたいなって思います。	評価基準で，「永続的理解」のところで，先人の知恵や工夫，努力や願いといったところ，成果物があればもっとイメージができるんでしょうけど。先人の知恵や工夫，努力や願いが受け継がれている，この知恵や工夫がもう少し具体的に挙がっていると，そういうことを評価すればいいのかなって。

表 3 - 4 - 2　第 2 回フォローアップ研修で提示された問題意識

段階		分類	内容	語りの例	
				提示された問題	助言や議論
パフォーマンス課題の実践を積み重ねる段階		パフォーマンス課題	パフォーマンス課題に該当するか 課題が現実に即しているか	まずそのパフォーマンス課題っていうのが，1時間だけで行うものなのか，自分が今やってる，そのやってしまった，子どもたちにいったん文章で書かせてから次に違う時間で発表というかやるものなのか，それはパフォーマンス課題なのかっていうのは，私が皆さんに教えてもらいたいこと。	（この課題は）できました？　そしたら，あと一歩なんですけど，成功体験で終わったほうが（パフォーマンス課題としては）いいじゃないですか。第1回ですし。そうすると，このいきなりキャスターとかコメンテーターとかはちょっとレベルが高いから，とりあえず発表で，みんな拍手で終わる，みたいなでもいいんじゃないですかね。
		「本質的な問い」「永続的理解」	各項目のまとめ方 他の概念との関連	内容知をどう永続的な理解につなげていくかということで。私もちょっと作り切れないまま今日持ってきました。	パフォーマンス課題のところに，『小説のおもしろさを発見しよう』と書いておられますね。で，重点目標の「本質的な問い」が「『こころ』のおもしろさとは何か」と書いておられて，小説のおもしろさを発見というのは多分その年間を通じた国語教育の，一つの「本質的な問い」かなと思うんです。その大きな問いが先生のなかにあって，とくにこの『こころ』の単元では『こころ』のおもしろさっていうふうに感じられたとしたら，『こころ』独特の，もうちょっと『こころ』っていう題を出さない，その他の小説，『こころ』と類似したような小説を読んだときにも応用できるような，問いみたいなふうに表現するとしたら，どんな表現があるのでしょうか。単元を越えて使えるのがよいとされていますよね，「本質的な問い」って。そうするとどんな表現があるんかな。
		ルーブリック	ルーブリックの具体性 教師と子どもの視点の違い	自分のルーブリックは抽象的すぎるんじゃないかとか，先ほど西岡先生の話にも出てたんですが，技能とかも入れちゃってるので，ルーブリックに関して指摘をしていただきたい。5から1の差とかに関しても，うまくできてるのかこれは，というふうにも思いながらやってるので，そこをご指摘いただけたらなと思います。	ルーブリック自体は，パフォーマンス課題のような複雑な課題のために，ある程度の客観性をもたせるためにつくるものです。たとえば，先ほど西岡先生の資料のなかに，パフォーマンス課題の場合はルーブリックを用いるけれど，事実的な知識を確認するような場所であれば，ルーブリックをつくる必要がないのかなというふうになるので，知識技能のあたりのところを評価するうえでは，ルーブリックをつくる必要がない，問題も多々あるのかな，というふうに思いますね。

段階	分類	内容	語りの例	
			提示された問題	助言や議論
実際にパフォーマンス課題の実践を積み重ねる段階	他の教師と共有する段階	評価 教師間の評価の視点の共有 子どもの力を伸ばす評価方法	あれだけ苦労をされていた地域で生産されている木材がもしかして自分の家でも使われてるかもしれない，とかいうそういうことをすごく強く思っている子がいるんですけど，そういうことを文章化するのが難しかったりとか，あります。でも，力不足でなかなか2学期間週2回で全然もっていけなくて，自分自身も3学期に向けてしっかり頑張りたいなと思っているんですけれども，どういうところで見取っていったらいいのかなっていうことを教えていただきたいです。	その後からたぶん「永続的理解」の部分かなっていうところで2つに分けられそうです。1つめが，地域の人々の生産の仕事が自分たちの生活を支えていることで，2つめが人や物によって他の地域と関わりがあること，この2点を，この単元を通して，先生が理解してほしいと思ってるところなのかなって考えました。なので，たとえばこの2点の理解を引き出すような問いを，「本質的な問い」のところに書けると，「本質的な問い」と「永続的理解」っていうのが対応関係になって，より全体がクリアに見えてきて，さらにそれと今回のパフォーマンス課題のこれが対応しているかどうかっていうのも見えてくるのかなと思いました。
		学校全体に向けた意識 学校改善への意識 他の教師との共有	今後，若手教員ばかりが増えていくなかで，じゃああなたはこれやってってなったときに，それこそ指導案まず書きなさいっていうレベルだから，どうしていったらいいのかなあっていうのがあります。 あくまで個人の取り組みじゃなくて，子どもの学力実態の課題や若手教員の育成といった課題を抱えている学校でも，学校を挙げて取り組んでいくときに，部分的にでも取り入れるには，どうしていっていったらいいのか。まずルーブリックからやってみるのか。やっぱり，実際大事なのは子どもをどう育てたいかっていうところになってきて，やっぱり「本質的な問い」と「永続的理解」も大事だし，とかいろいろ考えています。	

これらの意見をふまえながら実践を丁寧に再吟味し，自分なりの答えを模索していた。

　他の教師と課題を共有する段階では，発表者の学校内の状況が語られることもあった。他の教師にパフォーマンス課題をいかに伝えるのか，若手教師をいかに育成するのかといった等の問題意識については，研修中には十分な議論

はなされなかったものの，教師は日頃から意識していたことが伺われた。

　第2回目のフォローアップ研修の特徴は問題意識の深化にあろう。子どもの視点をふまえた実践へと改善するような問題意識の提示や，他の教師の実践への視野の広がりという点で，授業をより充実させることをめざしている教師

の姿が浮かび上がってきた。

　実践交流会では，実践の発表が行われた。スペシャリスト研修の参加者から授業改善が具体的に進んだ，教員間の連携の重要性を意識したという声が聞かれた。

　参加者の語りから，研修を積み重ねるごとに学びを積み重ねる教師の姿がみられた。第1回目の研修でそれぞれの問題意識や対応策を具体的に把握したことが，第2回目の各自の理解の深化や実践改善につながった。フォローアップ研修の実施はパフォーマンス課題への理解の深化や実践改善に効果を発揮するものとなっていたといえよう。

（3）事例からみる教師の変化

　次に，1人の教師による単元構想の発想の変容に着目して，研修を通して教師の力量がどのように変わったのかを具体的に検討していく。取り上げるのは，公立中学校の国語科教師である岩佐亜子先生である。

　岩佐先生は，8月に「中学生が，目に見えない言葉の世界に興味をもち，国語を楽しく学ぶ授業とはどういうものか」を考えていきたいと述べていた。このような課題意識をもちつつ，構想した授業の「本質的な問い」，「永続的理解」，「パフォーマンス課題」は以下のとおりである。なお，単元は中学2年生の評論（布施英利「君は『最後の晩餐』を知っているか」）である。

【本質的な問い】
　評論に著された筆者の意見や価値観によって，読み手の考え方や生き方がどのように変化し（影響を受け），今後どう役立てることができるか。

【永続的理解】
　評論には著者の価値観が反映されるゆえ，評論を読む行為は自身の価値観を問

い直すことにつながる。

【パフォーマンス課題】
　あなたは，布施英利研究室の研究員です。今回イタリアへの修学旅行を控えた日本の中学校の事前学習で，レオナルド・ダ・ヴィンチ「最後の晩餐」の魅力を話すことになりました。「科学が生み出した新しい芸術」という側面に加え，この絵画が中学生らの価値観や今後の生き方にどのような可能性をもたらすかを提示し，中学生と引率教員の鑑賞意欲を喚起するのが目的です。すでに学校では「君は『最後の晩餐』を知っているか」の評論を学習しており，その内容をふまえるよう指示されています。布施英利が語る「絵の魅力」とともに，この絵画鑑賞が中学生の価値観や今後の生き方にどう影響するか，その可能性を熱く語るスピーチ原稿を考えましょう。

　この単元構想を10月の検討会で報告したところ，「本質的な問い」が複雑であるため，もっとシンプルに設定する方がよいのではないかという意見が出された。そこで，12月の研修では，「『本質的な問い』をシンプルに」ということを意識して設計した次の単元構想を報告している。この単元は，10月に報告した単元同様に中学2年生を対象としたもので，古典（『平家物語』の「扇の的」）である。

【本質的な問い】
　登場人物について豊かに想像を膨らませて作品を読むにはどうすればよいか。

【永続的理解】
　それぞれの場面の見どころを考えながら読み進めると，登場人物について豊かに想像を膨らませることができる。

【パフォーマンス課題】

　源氏方と平家方の人物，弓矢の動きに
触れながら，「扇の的」の各場面の見どこ
ろを説明しよう。それをもとに，最も魅
力的だと思う登場人物1人を選んで解説
しよう。

　10月のほうが，シナリオの設定などパフォー
マンス課題づくりの型に忠実である。それに比
べて，12月のパフォーマンス課題はシナリオ
設定がほとんどされていない。しかし，12月
の「本質的な問い」は教師が問いたいことがシ
ンプルで明快なものになっている。そして，12
月の検討会でこの単元を報告したところ，「国
語科固有の『本質的な問い』とは何か」や「単
元を越えた包括的な『本質的な問い』は何か」
という視点が必要であるという意見が出され
た。この点について，岩佐先生は「前回『シン
プルな「本質的な問い」を』と理解して終わっ
ていたことが，今日まるでわかっていなかった
と気づいた」ということを12月の研修後に省
察している。つまり，岩佐先生は，「『本質的な
問い』をシンプルに」という命題を，10月は
形式面における簡略化であると理解したが，12
月には教科の本質を問うことであると理解し直
し認識が深まったのである。12月の振り返り
には，自分用のメモとして，「国語は何のため
に学ぶのか」「古典は何のために読むのか」「古
典と現代文学の違いは何か」を書き残している。
研修全体が終了した時に岩佐先生は，「研修前
は『作品をどう読むか』が授業づくりの土台で
したが，研修後は『作品を読むとはどういうこ
とか』という，さらに根本的な視点が必要だと
考えるようになりました」と語った。

　岩佐先生がそうであったように，教師は自身
の実践に対して理論的な説明を与えることがで
きるようになってくる。専門家は，自らの意思

決定の理由（たとえば「なぜこのような実践を行っ
たのか」）を外部に説明することができる存在
であるといわれてきた[5]が，まさに講義と検
討会は専門家として教師の力量形成につながる
ものであるといえる。

3 「学力評価スペシャリスト研修」の成果

　講義で理論的な知識を知り，検討会で，その
教育評価に関する理論的な知識を用いて，自身
の実践を説明したり，他者の実践を解釈したり
することが求められる。この経験によって，教
師は，その時々の問題関心に引きつけつつ知識
の量と質を豊かにし，よりよい実践をめざすと
考えられる。また，互いの実践の検討から，実
践への新たな視点を獲得したり，自分の実践を
改善する方向性を見いだしたりすることも可能
である。

　特に，検討会では，教師はそれぞれの実践を
もちより，共に学びあう空間がつくられる。そ
こで得られた知を現場へもち帰り，実践と向き
合い，改善案を考える。再び，検討会で問題を
共有し，異なる視点から実践と向かい合う。複
数回の研修を重ねるなかで，共に実践と対峙し
ているという意識ができ上がっていく。大学で
行われる研修は，知識を得る場であり，実践を
異なる視点で見直す場であり，学校の枠を越え
た仲間となる場となっている。

1）中央教育審議会「教職生活の全体を通じた教員の資質
　能力の総合的な向上方策について（答申）」2012年。
2）西岡加名恵「京都大学大学院教育学研究科E.FORUM
　の取り組み」石井英真編『教師の資質・能力を高める！
　アクティブ・ラーニングを超えていく「研究する」教
　師へ』日本標準，2017年。
3）西岡加名恵「第1章『学力評価スペシャリスト研修』と
　『教職ポートフォリオ』の設計」平成29年度 成果報告
　書『E.FORUM 学力評価スペシャリスト研修』2018年。
4）自己評価には本章第3節の表3-3-2を用いた。
5）Shulman, L., *The Wisdom of Practice*, Jossey-Bass,
　2004.

地域で学習評価の改善に取り組む
──地域スタンダードづくり

盛永俊弘

学習指導要領の改訂にともなう学習評価の改善は，単独の学校や教師個人だけでは難しい。そこで，自治体を越えた学校間の協力による地域スタンダードづくりで信頼性・妥当性を高め授業改善を推進した事例を紹介する。

1 はじめに

　2020 年から順次実施される 2017 年版学習指導要領の学習評価について，中央教育審議会から「児童生徒の学習評価の在り方について（報告）」(2019 年 1 月。以下「報告」）が出されている。

　今回の「報告」では，評定は廃止されず，観点別学習状況の評価との関係をどう取り扱うかという"難問"は継続するが，観点別評価の徹底と「資質・能力」の 3 つの柱に対応した観点の再構成，評価観の転換の必要性などがとりまとめられている。

　それでは，こうした新学習指導要領の下での学習評価のあり方に，学校はどう対応したらよいのだろうか。その一つの方策として，前回の学習指導要領改訂時に，自治体を越えた中学校間で協力して「地域スタンダードづくり」に取り組むことで，単独の学校では難しかった学習評価の問題を改善した事例を紹介する。

　なお，スタンダードというと自由裁量のない画一的で拘束的なイメージをもたれることも多いが，ここで紹介するスタンダードは，各学校の自律性を尊重しながら，現場の知見を集約した目標・評価基準の開発で，日々の授業改善に積極的に活かしていこうとする実践である。実際の取り組みを知っていただければ，学習評価の議論を活性化させ，実践の指針として指導改善につながったということを理解してもらえるのではないだろうか。

　また，紹介する地域スタンダードの正式名称は，「乙訓スタンダード」である。乙訓とは，京都府南西部の向日市，長岡京市，大山崎町の 2 市 1 町から成る地域で，中学校数は 8 校，教育行政上は京都府乙訓教育局が管轄し，教職員の異動は主にこの 2 市 1 町の間で行われている。

2 なぜ，学習評価の改善を地域で協力して取り組もうとしたのか

（1）前回改訂時の地域の実態

　2008 年改訂学習指導要領の完全実施をひかえた「前年」(2011 年）のことである。当時，私が校長をしていた中学校の A 先生から，次のような相談を受けた（同一教科の教員が学校に 1 人しかいない実技教科の先生で，しかも講師の先生）。

> 　4 月×日まで，3 学年分の年間指導計画を提出するようにと言われましたが，授業や学級の準備もあり，正直言って途方に暮れています。どうしたらいいでしょうか。

　職員室での私と A 先生との会話を聞いていた先生方から，これをきっかけに，いろんな声があがった。

　「私も転勤してきて，成績に関しての説明を受けたが，前任校と評価・評定の出し方やコンピュータのシステムが大きく違い，とても戸惑っている」，「関心・意欲・態度などの考え方

や4観点の重み付けが学校間で大きく違うということを初めて知った」、「年間指導計画は教科書会社が作成しているプランをほとんどそのまま利用している。本当は評価のあり方もゆっくり考えたいのだが」、「観点別学習状況の評価の重視というけれど、生徒も保護者も評定しか見ていないのでは。評価への私たちの努力は何だか虚しく感じる」、「現行では、目標に準拠した評価といいながら、実態は、ほとんど集団に準拠した評価（相対評価）ではないのか」等々。

先生方の評価・評定に関する疑問、悩みは、若手もベテランもとても大きいものだった。私自身、新任の頃、「1週間後に年間指導計画を提出してください」との指示に、とりあえず、前年度のものをほとんどそのままコピーして提出した経験があること、しかも、とりあえずのつもりが日々の忙しさで、3月末までその計画を変えることができなかったという、過去の苦い反省を思い出していた。

（2）学校間の協力による評価改善をスタートさせる

こうした現状をどう打開するのか。そこで私が考えたのは、「教育課程の編成は、各学校の校長」を当然の前提としながらも、学校間の協力で「地域共通の年間指導計画と評価計画」を開発する、ということであった。

評価の客観性を高め、一貫性を確保する「モデレーション」という手法[1]や「地域で単元計画や評価規準を共有したりするなど学習評価の妥当性、信頼性等を向上させる取組」「評価の結果が進学等において活用される都道府県等の地域ごとに、一定の統一性が保たれることも求められる」[2]という考え方もこの取り組みを後押ししてくれた。

早速、校長会で提案すると、評価の統一を図ることの利点と困難が大きな議論となったが、どの学校も評価問題は喫緊の課題であり、次年度の完全実施に向けて協力し合うことで一致した。

また、この時、学習評価の改善・開発に教育評価の専門家の協力を得たいと考え、京都大学大学院の西岡加名恵先生に相談すると、「共同研究者として協力します」との快諾を得られ、心強いスタートを切ることができた。

3 地域での「評価・評定」改善の経過

（1）全教員へのアンケートによる実態把握と参画意識の形成

まずは、地域の学習評価に関する実態把握と改善への参画（当事者）意識を高めるため、講師を含めた全教員対象のアンケート（A4判様式で3枚）を実施した。

アンケートは、観点別評価のための評価資料と各観点の重みづけ、観点別評価を「評定」に変換するルールなどの希望を尋ねるとともに、意見・要望・質問を自由記述で求める内容とした。さらに、アンケートの回答を進めていくなかで、観点別評価において用いる必要最小限の評価資料は何か、また形成的評価と総括的評価の関係、パフォーマンス課題やルーブリックなどの用語の解説などを学べるように作成している。

（2）スタンダードの意義や決定までの流れの合意形成

また、この時、地域スタンダードづくりの目的、意義、そして決定までの流れを記載したアンケート依頼状（講師を含む全教員向け）を作成した[3]。そこには、スタンダードの意義として、「①評価の信頼性が高まる、②評価の妥当性（カリキュラム適合性）が高まる、③教育実践の指針となる、④説明責任が果たしやすくな

表 3 - 5 - 1　実際の決定までの流れ（職員会議の共通資料の一部）　※■と●印は，実施済を表す（2011 年当時）

		2　決定までの日程（予定）	
■	8月	目標準拠評価に関する アンケートの実施	●8/16（火）臨時中学校長会 「乙訓スタンダード」を作成すること，そのために，乙訓の全 教員からアンケートを実施することを決定 ●8月下旬　各校で，アンケート実施
■	9月	アンケートの集計・整理	●8校分を集計・整理
■	10月	「乙訓スタンダード(案)」 の作成	●10/7（金）中学校長会 　8校の集計結果の分析・交流 ●10/12（水）共同研究者と協議 　京都大学大学院教育学研究科・西岡准教授と打ち合わせ ●10/17（月）乙訓教務主任会 　京大・西岡先生の講演
■	11月	「乙訓スタンダード(案)」 の検討	●11/4（金）共同研究者と協議 ●11/10（木）中学校長会 　「乙訓スタンダード（案)」の決定 ●11月下旬　各校の職員会議等 　「乙訓スタンダード（案)」の検討
□	12月	「乙訓スタンダード」の 決定	●12/6（火）中学校長会 　「乙訓スタンダード」の決定 ●12/13（火）中学校長会と中教研・部会長（各教科）の合同 　会議 ○12月下旬　各校の職員会議等 　「乙訓スタンダード」提案 　（→自校の評価・評定方法の最終調整等）
※	24年度	①夏期休業中に，各学校の学力評価計画，年間指導計画，テスト問題等の交流 ②年度末までに，１年間の実践・研究を踏まえた「乙訓スタンダード」の検証・改善	
		3　共同研究，連携等 　(1) 教育評価の専門家との共同研究（京都大学大学院・西岡加名恵准教授） 　(2) 乙訓地方の「中学校教育研究会」「教務主任会」や「乙訓教育局」「2市1町教育委員会」との連携	

る，⑤進学先に対しても“地域”の取り組み
をアピールできる」の５点を明記し，指導に役
立つ評価，思考力・判断力・表現力の判定基準
の具体化などを目的とした取り組みを一緒に進
めようと呼びかけた。

　決定までの流れでは，2011 年８月〜 12 月に
かけて，「アンケートの実施→結果をふまえて
原案の作成→原案を各校で検討→各校からの意

見をふまえて決定」と，丁寧に合意形成を進め
た（表 3 - 5 - 1）。

　取り組みを成功させるためには，「意味」と
「共感」が必要で，トップダウンではすぐに形
骸化する。学習評価の最前線で苦労している先
生方の参画（当事者）意識を高め，全教員で学
習評価を改善していくことは，この取り組みの
生命線だと考えたのである。

表3-5-2　評価計画（基本方針の一部のみ抜粋）

基本方針
1　「乙訓スタンダード」として，次の2つを活用する。
　A　「評定」用ルーブリック（評価指標／レベル分け基準表）　→基本的な評価基準を示すもの
　B　観点別評価のつけ方と「評定」への変換ルール　→具体的な成績づけの仕方を示すもの
　※Aと照らし合わせて，Bが適切なものとなっているかどうか，点検する。
2　「評定」用ルーブリック（A）（1）（2）略
3　観点別評価の付け方と「評定」への変換ルール（B）
　（1）　平成24年度は，「評定」への変換ルールと，観点別評価の重みづけの部分についてのみ，乙訓地方で統一する。
　（2）　観点別評価の重みづけについては，別紙のとおり，各教科について示す。　別紙略
4　各観点に対応する必須目標，成績づけのための評価方法，および評価方法別の重みづけ
　（1）（2）略
　（3）　評価方法については，途中経過を確認し，指導と学習を改善するためのもの（形成的評価）と，成績づけのためのもの（総括的評価）とを，明確に区別して計画するため，各学校で作成する学力評価計画においては，成績づけのための評価方法に限定して示すようにする。
　（4）　成績づけのための評価方法については，必要最小限のものに絞ることにより評価の効率化を進める。しかし，途中経過を確認するための評価方法としては多彩のものを用い，指導と学習の改善に生かす。
　（5）　必須目標，および成績づけのための評価方法については，年間指導計画表の作成を通して整理することができる。年間指導計画表においては，途中経過を確認するための評価方法を○，成績づけの資料となる評価方法を◎で示す。
　（6）　知識・技能を活用する思考力・判断力・表現力を育成するため，パフォーマンス課題（活用力育成課題／単元総括課題）を可能な範囲で取り入れる。
　※パフォーマンス課題とは，レポートなどの作品づくり，プレゼンテーションなどの実演による評価方法である。重要な複数の知識や技能を総合して活用することを求めるような課題であり，活用力育成課題・単元総括課題と呼ぶこともできる。
5　観点別評価から「評定」へと変換する方式
　（1）　平成24年度については，すべてを％化し，カッティング・ラインを設定する方式（下記①）を採用する。
　※観点別評価から「評定」への変換の方式には下記の2種類がある。①A・B・Cを素点に変換し，重みづけも勘案しつつ，％に変換したうえで，カッティング・ラインを設定する方式　②A・B・Cの組み合わせから自動的に変換する方式
　（2）　平成24年度については，現行の方式との整合性が高いため，①を採用する。しかし，評価の簡素化という観点からいえば，②の方式のメリットも大きい。したがって，今後，研究を進めるなかで，評価の妥当性・信頼性が確保されると合意された教科については，②の方式に移行することも検討する。

（3）地域スタンダードの枠組みの決定

　夏に開始した地域スタンダードづくりは，予定どおり，約4ヵ月で「枠組み」「基本方針」（指導計画や評価計画の共通書式，評価・評定の基本的な考え方と変換ルールなど）を作成することができた。12月には，その「枠組み」「基本方針」などを，校長会と地域の中学校教育研究会との合同会議で議論し，最終確認した。表3-5-2は評価計画の基本方針の一部である。また，各教科等の年間指導計画の記入項目は，「時期／単元および単元目標／中単元／小単元／指導時数／目標・評価規準／学習事項／評価項目／主な評価方法」とした。そして，この後の議論は，地域の中学校教育研究会の各教科部会での検討・具体化へと舞台を移したのである。

（4）地域の教育研究会で，指導・評価計画の内容を具体化

中学校教育研究会の各教科部会では，地域スタンダードの指導計画・評価計画の様式を参考に，1月末までに指導計画の作成，2月末までに評価計画の作成を進めた。

さらに，作成されたその指導計画・評価計画（共通版＝地域スタンダード）をふまえて，3月末までに，各校で次年度の評価計画と年間指導計画（各学校版）を作成した。その結果，3学期の期間に，完全実施に向けた準備を計画的に推進することができた。

（5）地域スタンダードの検証と改善

決定した「地域スタンダード」は，「夏期休業中に，各学校の学力評価計画，年間指導計画，テスト問題等を交流する」「年度末までに，1年間の実践・研究を踏まえた『乙訓スタンダード』の検証・改善を行う」と明記（表3-5-1）したとおり，当初から，一度作成したら終わりではなく，子どもたちの学びの実態をふまえて継続的に見直し，形骸化を防ぐことを視野に入れていた。

実際，その後は毎年夏に実施している中学校教育研究会の総会（講師を含む全教員参加）で，共同研究者の西岡先生の講演や教科からの実践報告，そして各教科部会での交流を深めている。

また，校長会としても，「スタンダードの検証のための追跡アンケート」（2013年）を実施した。その結果，さらに改善の必要はあるものの，以下のような肯定的な意見が多数をしめた。たとえば，「評価から評定への変換ルール共有のメリット，評価の質の向上，評価のつけやすさ，学校内の統一による共通理解の進展，地域内の学校間での統一による不公平感の解消，人事異動の際の安心感，交流の活性化，進路指導・入試での使いやすさ，生徒・保護者への説明の

しやすさ……」など。

4　地域で取り組んだことによる成果

学習指導要領の完全実施を前に，学校が抱えている学習評価の問題を改善する取り組みだったが，想定以上の効果があった。

（1）当初の目的の実現と授業力の向上

このスタンダードづくりでは，年間指導計画と学力評価計画をセットで考えた結果，学校内・学校間の議論を活性化させ，当初目的の信頼性・妥当性の改善，教育実践の指針となり，多面的・多角的な評価と授業改善につながった。ある校長先生からは「正直言って，これまで国立教育政策研究所の参考資料のコピーに近い計画があるだけで，評価・評定の根拠も見えにくかったが，このスタンダードづくりの過程で，原点に立ち返った議論ができた」と言ってもらえた。

また，進路関係でいえば，受験先の高校から「学校間格差があるなかでの評価・評定だが，乙訓地域は，スタンダードがあり，信頼できる」との声をいただいている。関連して，この地域では，2016年度入学者選抜より，公立高校教育制度・入試制度が改定されたのだが（京都市・乙訓地域），その際，進路指導資料としての客観性を高めてくれた。

（2）指導方法，評価方法の深化

また，授業の全体像とゴールが明確になることで，これまでの「学期末や学年末などの事後での評価に終始しがち」な実践から抜け出し，単元構想や「逆向き設計」，「本質的な問い」をふまえたパフォーマンス課題とルーブリックの理解と実践も進んだ。

さらに，共同研究者の西岡先生からの「パフォーマンス課題のテンプレート」の提案によ

り，重要単元や学期に1回程度の実践で「思考力・判断力・表現力」を育成しようとする学校が増えた。一度実践すると知見の交流もしやすくなり，学校によっては，単元最初の授業で，単元のねらいやパフォーマンス課題を含めた評価方法を事前に説明する取り組みも広がった。

ペーパーテスト問題の改善，開発も進んだ。「思考力・判断力・表現力」を評価できる問題を検討するため，京都大学大学院教育学研究科・教育方法研究室の院生に，私たちが作成しているペーパーテストを分析してもらうことができた。「知の深さ（学力の質）」を視点に「質の良い問題」とは何かをフィードバックしてもらえたことは，ペーパーテストの工夫改善への大きな刺激と意欲を喚起してくれた。

（3）困り感の改善は，働き方改革につながる

現場は成績に関する仕事に多くの時間を割かれ，忙殺されているのが実態である。しかし，より信頼性・妥当性の高い評価方法の開発・精選は，「評価に関する過剰な負担を軽減」してくれる。スタンダードの存在は，現場の応援ツールとしての機能を発揮してくれたのである。

実際，冒頭で紹介したA先生は，「スタンダードづくりに参加できたことでいろんなことが学べました。その計画を参考に，さらに工夫して実践してみようという意欲と元気がでました。そして，今，正直言ってホッとしています」と語ってくれた。

5　学習評価問題に取り組むことは，授業を変える大きなチャンス

「報告」（2019年）では，学習評価のあり方について，① 児童生徒の学習改善につながるものにしていくこと，② 教師の指導改善につながるものにしていくこと，③ これまで慣行として行われてきたことでも，必要性・妥当性が認められないものは見直していくこと，を基本とすることが記されている。

その"基本"に立ち返り，「学習評価のあり方」を改善するため，各学校の知見とネットワークによる地域スタンダードづくりは，有効な一つの方策になるのではないだろうか。

また，評定と観点別評価の関係を単なる手続き・判定の問題とせず，「分析評定（＝評価）と総合評定（＝評定）」の関係としてとらえること，三観点を思考力・判断力・表現力等を軸に統合する視点をもつことなど，学習評価の問題を深める絶好の機会にもなると考える。

教科の「見方・考え方」を働かせて「深い学び」を実現し，これからの未来を生きていく子どもたちの必要な力を育てるため，学習評価に関する現場の実践的英知を結集したいものである。

1）ギップス，C. V.（鈴木秀幸訳）『新しい評価を求めて──テスト教育の終焉』論創社，2001年。
2）中央教育審議会初等中等教育分科会教育課程部会「児童生徒の学習評価の在り方について（報告）」2010年。
3）西岡加名恵『教科と総合学習のカリキュラム設計──パフォーマンス評価をどう活かすか』図書文化，2016年，p.263参照。

用語解説

教育目的（aims）と教育目標（objectives）

　教育目的と**教育目標**は，どちらも教育実践の主体が教育活動を通じて実現を試みる価値内容を意味する。ただし，想定されているレベルは異なる。教育目標では，「わり算の意味がわかる」（算数科）や「段落相互の関係や役割に気づく」（国語科）といったように，教科・学年レベルや単元・授業レベルで学習者に習得させたい内容や育てたい能力が表現される。その一方で，教育目的では，「知・徳・体の調和」や「生きる力を育む」といったように，学校教育全体を通じて実現したい全体的で究極的な教育理念が表現される。教育目的と教育目標の中間に位置し，長期的で包括的な実践的見通しを表現するものとして，ゴール（goals）という単語が用いられることがある。ウィギンズらの場合，目標よりもゴールが好まれて使われている。（本宮裕示郎）

教科「する」・「教科する」（"doing" of a subject）

　子どもたちが，教えられたことを暗記したり，決まった手順を繰り返したりするのではなく，それぞれの教科における学問的な探究をしたり，自ら「教科の本質」を深めたりすること。子どもたちが**「教科する」**ようなカリキュラムを設計するためには，知識・スキルが実生活で生かされている場面や，その領域の専門家や研究者が「知」を探究するプロセスをシミュレーションするようなパフォーマンス課題を設定することが重要となる。（徳島祐彌）

構成主義（constructivism）の学習観

　学習者がすでに有している知識と学習対象となる知識の間の相互作用を通じて，学習者のもつ知識が再構成されるという学習観。学習者は，知識を受動的に覚えこむ存在ではなく，日常生活のなかで得た知恵や考え方をもとに，学習対象に自ら働きかけ，その意味を能動的に創り出す存在とみなされる。この学習観にもとづくと，子どもたちの生活世界と教科の学問世界をつなぎ合わせるカリキュラム設計が教師には要求される。ウィギンズらによって提唱される「真正の評価」論は，この**構成主義の学習観**によって支えられている。また，他者を含む社会的な関わりのなかで知識が構成されるという考え方は社会的構成主義と呼ばれる。（本宮裕示郎）

「真正の評価」（authentic assessment）

　「真正の評価」とは，1980年代後半に，アメリカで学校に対して説明責任の要請が強まるなかで伝統的な「標準テスト」が多用され始めたことに対する批判を背景に提起された評価の考え方である。「真正の評価」の「真正の（authentic）」とは「本物の」という意味である。教育評価の文脈で初めて「真正性」という概念を用いたのはウィギンズである。ウィギンズによれば，「真正の評価」を行うためには，大人が仕事場や市民生活，私生活の場で「試されている」文脈を模写したりシミュレートしたりする課題を用いる必要がある（学校で与える課題の状況設定としては，仲間に発信するといった子どもにとって自然な文脈にしたほうがよい場合もある）。そのような課題を用いることで，目的や相手，状況といった諸条件を考えながら知識や技能を活用することが子どもたちには求められる。ただし，課題にたんに現実的な文脈を入れるだけではなく，子どもたちが教科「すること」やフィードバックを得て修正する機会を設定することなども合わせて重視されている。代表的な評価方法にパフォーマンス評価やポートフォリオ評価法がある。（奥村好美）

スコープ（scope）とシーケンス（sequence）

　スコープとは，カリキュラムを構成する際の，教育内容の一定のまとまりのことである。学校のカリキュラム全体を考える際には，どんな教科・領域を設置するかということがスコープを

めぐる論点である。一方，各教科のカリキュラムについて考える際には，たとえば小学校の算数科であれば「数と計算」や「図形」などがスコープに当たる。

一方で**シーケンス**とは，子どもたちの発達に即して内容を配列する際の，学習の順序や系統性を指す。たとえば算数科で，3年生では小数の加法・減法について扱い，4年生ではそれを発展させて小数の乗法や除法にも踏み込む，といった連続性のことである。

スコープとシーケンスは，カリキュラムを構成する際のタテ糸とヨコ糸であり，これが交差するところに単元が設定される。この考え方は本来，子どもたちの興味・関心にもとづいてカリキュラムを構成しようとする際に（経験主義），「具体的には何をいつやればいいのかわからない」という問題に対応するために生み出された。社会や生活を分析してスコープとし（健康・経済・文化など），子どもたちの興味・関心の変化をシーケンスとする（家庭と学校→自然と社会→幸福と科学）とすることで，単元を見いだそうとしたのである。現在では，より一般的に教育内容を整理する際に使われる。（中西修一朗）

スタンダード（standard）

スタンダードとは，子どもたちに保障すべきであると社会的に共通理解された教育目標のことである。国家，州のレベルで設定される政策文書（日本でいえば学習指導要領）を指す場合もある。ウィギンズによればスタンダードには3つの種類がある。1つめは，「内容スタンダード」である。これは各教科等において子どもたちが学ぶべき知識や技能を定めたものである。多くの場合，スタンダードというと，この「内容スタンダード」がイメージされる。2つめは「パフォーマンス・スタンダード」である。これは，「内容スタンダード」に対する習熟の程度を示したものである。一般的な能力として定められる場合もある。3つめは，「設計スタンダード」である。一般的なスタンダードが子どもたちのための共通目標であるのに対し，「設計スタンダード」は教師が設計する単元や課題が効果的であるかを判断するための規準を提供するものである。（奥村好美）

ステイクホルダー（stakeholder）

ステイクホルダーとは，ある事柄に対して利害関係や関心をもつ人のことをいう。その事柄に関する評価が行われる場合，ステイクホルダーには当然その評価への参加が保障されるべきであると考えられている。このことから，「評価参加者」と訳されることもある。学校教育では，これまで評価される側に身を置いていた子どもたち，同僚の教師，地域住民や保護者もステイクホルダーとなる。（奥村好美）

妥当性（validity）・信頼性（reliability）

妥当性とは，ある評価の結果から導き出すことのできる子どもの学力は何か（このテストは測りたいものを本当に測っているのか）を吟味する視点である。一般的に，一問一答式のテストや暗記したものを再生するようなテストで子どもたちの「理解」を評価していた場合，その評価の妥当性は低い。妥当性を問うことは，単元や授業の目標と，用いる評価方法が一貫しているかを問うことになる。

信頼性とは，ある評価方法でつけた点数が，どれだけ子どもの学力の実態を正確に示しているのか（このテストはいつやっても同じ結果になるのか）を見る視点である。信頼性を問うことは，同じテストが2回実施されても同じ結果になるか（テストの信頼性），一人の評価者が2回採点しても同じ点数をつけるか（評価者内信頼性），異なる評価者が採点しても同じような点数がつけられるのか（評価者間信頼性）という問いに区別される。一般的に，パフォーマンス課題を用いた評価のように，評価方法が複雑になるほど信頼性は低くなる。そのため，類似したパフォーマンス課題をいくつかの単元で用いたり，教師の間で規準・基準を共有したりすることが大切と

なる。

　信頼性は結果そのものの正確さを見る視点であり，妥当性は結果から何が読み取れるのかを考える視点である。評価方法を考える際には，妥当性と信頼性をそれぞれ区別して考える必要があり，両者を共に高めることが重要である。（徳島祐彌）

評価規準・評価基準（criteria）

　子どもの学力を評価するときの2つの「キジュン」であり，それぞれ「ノリジュン」「モトジュン」と呼んで区別されることもある。**評価規準**は「何をどのような観点で評価するか」という評価の観点を指しており，**評価基準**は「どの程度できれば合格レベルなのか」という到達の度合いを指している。たとえば，「『明治時代』についての知識があるかを見るために，用語テスト（20問）を行い，7割以上の正解で合格とする」という評価を考えてみよう。このとき，「『明治時代』についての知識がある」という学力を見る視点が評価規準であり，「用語テストに7割以上正解する」という「知識があると判断できるレベル」を具体的に示しているものが評価基準である。なお，ルーブリック（rubrics）は，評価の観点も合格レベルも表しているため，規準・基準の両方の性質をもっているといえる。（徳島祐彌）

ファシリテーション（facilitation）

　ファシリテーションのもとになっている動詞"facilitate"は，「促進する，容易にする」といった意味である。転じて，集団が問題解決を円滑に進められるよう取り計らう人のことをファシリテーターと呼び，その仕事をファシリテーションと呼ぶ。

　ファシリテーターの重要性は，当初ビジネスの場において，新たなリーダー像として提唱された。従来は，能力と見通しをもったリーダーが，効率的に情報を集約し的確に指示を与えることが重視されていた。しかしながら，問題の網が複雑に絡まる現代においては，一個人に過度に依存することは危険である。むしろ，各成員のもちうる可能性を最大限に引き出すことで，集団のパフォーマンスを高めるように調整すること，すなわちファシリテーションが，リーダーに求められる。

　教師は，授業という場におけるリーダーである。子どもたちに逐一教示するのではなく，それぞれの子どものもつ気づきの交流を促すことでクラス全体を高い学びへと導くことが，教師のファシリテーションだといえよう。（中西修一朗）

ブルーム・タキソノミー（Bloom's taxonomy）

　教育目標は，何を教えるかを示す内容的局面と教えた内容を子どもがどう学ぶかを示す行動的局面から叙述することができる。たとえば，「オームの法則を理解する」という教育目標では，「オームの法則」が内容的局面，「理解する」が行動的局面に相当する。シカゴ大学のブルーム（Bloom, B. S.）らは，教育目標のなかの行動的局面を分類し明確に叙述するための枠組みを開発し，教育目標の分類学（taxonomy of educational objectives）と名づけた。なかでも，ブルームらによる教育目標の分類学は，一般的に**ブルーム・タキソノミー**と呼ばれる。

　ブルーム・タキソノミーは，認知領域，情意領域，精神運動領域（未完）からなり，それぞれの領域はさらに細かいカテゴリーに分類される。認知領域は「知識」「理解」「応用」「分析」「総合」「評価」の6つの主要なカテゴリー，情意領域は「受け入れ」「反応」「価値づけ」「組織化」「個性化」という5つの主要なカテゴリーから構成される。領域内の各カテゴリーの関係は，累積的で階層的なものと考えられている。たとえば，「知識」（例：オームの法則を知っている）を評価するテストで優秀な成績を修めた子どもが，「応用」（例：オームの法則を応用する）を評価するテストでも優秀な成績を修めるという保証はない。しかし，各カテゴリーは無関係というわけではなく，「応用」は下位のカテゴリーである「知識」と「理解」

に下支えされて成立しているという見方が採用されている。教科内容（縦軸）とブルーム・タキソノミーのカテゴリー（横軸）からなる二次元のマトリックス図を用いることで，内容的局面と行動的局面を掛け合わせたものとして教育目標を分類・整理することができる。この図によって，教師は見通しをもった指導と，要所要所での学習の確認を行うことが可能になる。ウィギンズらの説く「理解の6側面」は，ブルーム・タキソノミーから示唆を得たものである。ただし，階層性をもつブルーム・タキソノミーに対して，「理解の6側面」では，「理解」の実態がさまざまな角度から横並びのものとしてとらえられている。（本宮裕示郎）

ポートフォリオ評価法（portfolio assessment）

ポートフォリオ評価法とは，パフォーマンス評価と同様に「真正の評価」の代表的な評価方法の一つである。子どもや青年にポートフォリオ（学習の記録を系統的に蓄積し，編集するもの）をつくらせることによってその自己評価力を育てるとともに，教師も子ども・青年の学習と自分の指導をより幅広く，深く評価しようとするものである。ポートフォリオを用いることで，子どもの具体的な作品を途中段階のものも含めて資料として長期的に蓄積することができ，学習者の長期的な成長を評価できるようになる。ポートフォリオ評価法を進めるにあたっては，学習者自身がポートフォリオづくりの見通しをもつこと，蓄積した作品を振り返って編集する機会を設定すること，学習者と教師やその他の関係者がポートフォリオを用いて学習状況を話し合う場を設定することが重要である。（奥村好美）

螺旋型カリキュラム（spiral curriculum）

螺旋は，上から見ると同じところをぐるぐると回っているように，横から見ると上へと昇っていくように見える。転じて，**螺旋型カリキュラム**とは，幼少期から高等教育にいたるまで，ある内容に何度も取り組みながら，学習の質を高めていこうというカリキュラムの構成法である。1960年代のアメリカで，「どの教科でも知的性格をそのままに保って，発達のどの段階のどの子どもにも効果的に教えることができる」と仮説を立てたブルーナーによって提唱された。

ただし，たんに同じことにしつこく取り組ませればよいという考え方ではない。幼児はシーソーで遊びながらつり合いの感覚をつかみ取るが（行動的表象），発達が進めば天秤の図を見ただけでつり合うかどうかがわかるだろう（映像的表象）。さらに後には，天秤の状態を数式で示してつり合いを理解することも可能になる（記号的表象）。このように，発達をふまえて提示の仕方を変えながら，繰り返し取り組めるようにデザインするのが，螺旋型カリキュラムである。（中西修一朗）

レリバンス（relevance）

レリバンスは，「関連性」や「適切性」と訳され，「関わり，つながり」といった意味をもっている。教育の文脈においては，学校で学習する教育内容が社会生活とどれほど関わり，つながっているのかを指す。特に教育社会学の分野において，学校教育は将来社会に出る子どもたちにどのような能力をつけるべきか（職業的自立か市民的自立か），それと教育内容は対応しているのか，といったことを検討するために議論されてきた概念である。

一方でレリバンスは，子どもたちの学びをデザインする際にも重要である。子どもたちは，将来社会に出る存在というだけでなく，まさに現在において社会に生きる人間でもあるからである。だからこそ，教育内容や学習課題は，子どもたちの生活やこれまでの学びの履歴と関わっていて，学ぶ必要を感じられるようなものになっている必要がある。ここでのレリバンスは，日本の教育において長らく大切にされてきた「切実さ」としてとらえられるだろう。（中西修一朗）

「逆向き設計」実践ワークシート

「逆向き設計」論にもとづいて教員研修を行う場合，ワークショップの形で行うことがお勧めである。本巻末資料では，ワークショップや個人のワークで使うことのできるさまざまなワークシートを収録している。ワークにあたっては，巻末資料の該当ページをコピーして用いていただけるよう，各資料の脚注には本書の書誌情報を掲載している。また，それぞれのワークシートについては，下記の E.FORUM のウェブサイトからもダウンロードできる。

https://e-forum.educ.kyoto-u.ac.jp/seika/worksheet

ここでは，それぞれのワークシートの趣旨と使い方について，概要を説明しよう。

① 単元設計テンプレート

「逆向き設計」論をふまえた単元設計用のテンプレートである。日本の多くの単元指導案に組み込まれている「単元（題材）目標」や「観点別評価規準」の欄を設けるとともに，単元目標と評価方法の欄に，「逆向き設計」論の「知の構造」と評価方法の対応関係が反映されている。つまり，「逆向き設計」論の第1段階と第2段階が埋め込まれている。さらに第3段階に対応させて，「5　指導の流れ」の欄を加えたり，パフォーマンス課題に対応するルーブリックの欄を加えたりしてもよいだろう。

ワークショップでは，このテンプレートに書き込む作業を求めるワークを行うことができる。パフォーマンス課題については，適した単元を選んだり設定したりしたうえで開発することが重要だが，もし単元を選定し終わった後で研修を行うなら，「単元（題材）目標」と「観点別評価規準」の欄をあらかじめ記入してきてもらい，ワークショップで「本質的な問い」「永続的理解」とパフォーマンス課題のシナリオを考えるとよ

い。

またこの書式は，「逆向き設計」論にもとづいて開発された単元設計についての資料集を作成する際のテンプレートとしても使うことができる。

② パフォーマンス課題づくり用ワークシート

①のテンプレートのうち，「本質的な問い」「永続的理解」，パフォーマンス課題の欄のみを取り出したものである。パフォーマンス課題をつくるワークショップを開催する場合には，「本質的な問い」，「永続的理解」，パフォーマンス課題のシナリオに織り込む6要素について順に説明しつつ，参加者が選んだ単元について該当する内容を考えてもらうことになる。ただし，「本質的な問い」，「永続的理解」とパフォーマンス課題のシナリオについては，最終的に対応していればよいため，参加者には書き込みやすいところから書き込むよう促すとよいだろう。

③ ④ 第1段階ワークシート

「逆向き設計」論の第1段階，すなわち「本質的な問い」と「永続的理解」を考えるのは，容易なことではない。そこで，巻末資料③④には，それらを考える際に役立つワークシートを収録している。巻末資料③は，子どもたちが抱きがちな誤解や陥りがちな間違い，ならびに重大な観念を手掛かりに「本質的な問い」と「永続的理解」を考えるものとなっている。また巻末資料④は，「理解の6側面」をふまえて問いを考えるためのワークシートを掲載している。

⑤ 第1段階の単元設計チェックリスト

巻末資料⑤には，第1段階の単元設計について質を確認するためのチェックリストを掲載している。記入した「単元目標」，「本質的な問い」，「永続的理解」，「知識・技能」について検討するための観点が示されている。

⑥ パフォーマンス課題のチェックリスト

巻末資料⑥には，第2段階で作成したパフォーマンス課題の質を検討するためのチェックリストを掲載している。単元の目標（成果）や指導の山場に対応しているか，シナリオの6要素がふまえられているかといった点を確認するものとなっている。

⑦ ルーブリックづくり用テンプレート

パフォーマンス課題を実践したら，子どもたちの作品を用いてルーブリックづくりのワークをすることを勧めたい。巻末資料⑦は，その際に使えるテンプレートである。ルーブリックづくりに際しては，できれば複数名で，子どもたちの作品をレベル別に分類し，それらの特徴を検討して記述語を作成する。なお，本テンプレートは全体的ルーブリックをつくるものとなっているが，ルーブリックについては，必要な場合には観点別に分けることができる。また，レベルの欄を「3　良い」「2　合格」「1　改善を要する」とすれば，3段階のルーブリックをつくるためのテンプレートを作ることができる。

⑧ ルーブリックのチェックリスト

巻末資料⑧は，作成したルーブリックについて検討するためのチェックリストである。ルーブリックとチェックリストの違いをふまえているか，記述語はパフォーマンスの質をとらえるものとなっているか，一貫性のあるものとなっているか，指導に活かすことのできるものとなっているかといった視点が示されている。

⑨ 第3段階のワークシート

「逆向き設計」論の第3段階では，学習と指導の流れを構想するにあたって，WHERETOの7要素を考えることが勧められている（詳しくは第1章第5節参照）。巻末資料⑨は，WHERETOの7要素についてブレーンストーミングするためのものである。

⑩ 第3段階のチェックリスト

指導計画については，巻末資料⑩のチェックリストで検討する。巻末資料⑨を用いて作った指導計画について最終チェックするために用いられる場合もあれば，すでに作成されていた指導計画を再検討するために用いられる場合もあるだろう。

⑪ 理解と設計について考える

巻末資料⑪には，「逆向き設計」のエッセンスを伝えるようなフレーズがいくつか掲載されている。好きなものを選んで，好きな理由と具体例を考えてみよう。

⑫ 理解度確認用ワークシート

巻末資料⑫では，「学力評価スペシャリスト研修」（詳しくは第3章第2～4節参照）で開発された「長期的ルーブリック」のうち「逆向き設計」論に特に関わりの深い柱A「教科の本質を追求する単元構想」に関する部分を転載している。また，同研修で用いられた「チェックリスト」についても掲載している。自分自身の理解度を確認するとともに，さらに理解を深めるための手掛かりとして用いられることを期待したい。

⑬ 「逆向き設計」論を振り返る

最後に，「逆向き設計」論全体を振り返るためのワークシートを，巻末資料⑬に掲載している。「逆向き設計」論を学ぶ前後でどう変化したのか，現状，感じている難しさはどこにあるのかといった点について振り返ってみよう。

（西岡加名恵）

【ワークシート①】 単元設計テンプレート（参考書式）

_____年度　所属_____　職名_____　名前_____

_____小学校・中学校・高等学校　_____学年　教科（科目）名_____

1 単元名	単元(題材)名: 学習指導要領との関連内容	
2 単元目標	単元(題材)目標 観点別評価規準	

	観点別評価規準		
	(主体的に学習に取り組む態度)	(思考・判断・表現)	(知識・技能)

	【重点目標】(「見方・考え方」) 「本質的な問い」 「永続的理解」	【知識・スキル 】
3 評価方法	【パフォーマンス課題】	【その他の評価方法】
4 評価基準	【ルーブリック】	【チェックリスト】

＊このテンプレートは，京都大学大学院教育学研究科 E.FORUM にて開発されたものである。
奥村好美・西岡加名恵編著『「逆向き設計」実践ガイドブック』日本標準，2020 年，巻末資料①。

教科(科目)：＿＿＿＿＿＿＿＿　学年：＿＿＿＿＿＿＿　名前：＿＿＿＿＿＿＿＿＿＿＿＿

単元：＿＿＿＿＿＿＿＿＿＿＿＿＿＿＿＿＿＿＿＿＿＿＿＿＿＿＿＿＿＿＿＿＿＿＿＿

①「本質的な問い」	②「永続的理解」
※包括的な「本質的な問い」に◎, 単元の「本質的な問い」に○をつけましょう。	

③パフォーマンス課題のシナリオに織り込む6要素(GRASPS)

目的(Goal)：

役割(Role)：

相手(Audience)：

状況(Situation)：

作品(Product, Performance)：

観点(Standards)：

＊「逆向き設計」論にもとづき西岡加名恵作成。
　奥村好美・西岡加名恵編著『「逆向き設計」実践ガイドブック』日本標準, 2020年, 巻末資料②

【ワークシート③】 第１段階ワークシート：予想される誤解と間違いから「本質的な問い」・「永続的理解」を考える

それぞれの項目に対して，第１章第２節の本文中で言及された南北戦争の例を記入例として入れています。「重大な観念」については，すべての枠を埋める必要はありません。ふだんの子どもたちの様子から「予想される誤解と間違い」を記入し，子どもたちにとって「理解」が難しい概念や論点を「重大な観念」として書き出してみてください。「本質的な問い」と「永続的理解」については，書き出した「重大な観念」や次ページの「理解の６側面にもとづいて問いを引き出す言葉」を参考にしながら考えてみてください。

単元：

単元目標：
・奴隷制や州の権利，リーダーシップ，西部の植民地，南部11州の連邦脱退などに重きを置いて，南北戦争の原因と結果を理解する。

・

予想される誤解と間違い：
・南北戦争は，奴隷制の道徳性をめぐって生じ，「善い人たち」が勝利した。
・歴史科の教科書に書かれていることは真実である。
・多くの出来事には，唯一で明確な原因と明確な結果がある。

・

・

重大な観念

概念： 因果関係・真実・正当性・歴史	論点または論争： 連邦政府による統制と州の権利の対立	プロセス：	逆説：
テーマ：	解決すべき問題： 経済的，政治的，道徳的な問題としての奴隷制	理論：	仮説またはパースペクティブ：

「本質的な問い」：
・南北戦争をもたらした明白な／明白ではない原因は何か？
・それはだれが語る「物語」なのか？
・「正しい」戦争があるのか？
・なぜ同胞同士で殺し合うのか？
・南北戦争の結果は，今の私たちに対してどのように関連するのか？

・

・

「永続的理解」：
・複雑な歴史的出来事には，唯一で明確な原因は滅多に存在しない。
・歴史とは「物語」であり，語る人によって，描かれ方が異なる。
・州の権利に関する意見の不一致や，南北での文化や経済の違い，奴隷をめぐる論争は，南北戦争の主な原因である。
・南北戦争からの遺産は，地域格差や国政・地方政治，文化的価値観の問題のなかにいまだ見いだされる。

＊ McTighe, J. & Wiggins, G., *Understanding by Design: Professional Development Workbook*, ASCD, 2004, p. 75, 87 をもとに本宮裕示郎作成。奥村好美・西岡加名恵編著『「逆向き設計」実践ガイドブック』日本標準，2020年，巻末資料③。

【ワークシート④】　第1段階ワークシート：理解の6側面にもとづいて問いを引き出す言葉

説明

- 誰が＿＿＿＿＿？　何を＿＿＿＿＿？　いつ＿＿＿＿＿？　どのように＿＿＿＿＿？　なぜ＿＿＿＿＿？
- ＿＿＿＿＿＿＿＿＿＿＿＿＿＿＿＿＿＿＿＿において鍵となる概念／観念は何か？
- ＿＿＿＿＿＿＿＿＿＿＿＿＿＿＿＿＿＿＿＿＿＿の例は何か？
- ＿＿＿＿＿＿＿＿＿＿＿＿＿＿＿＿の特徴／部分は，どのようなものか？ これはなぜそうなるのか？
- どのように私たちは＿＿＿＿＿＿＿＿＿＿＿＿を証明／確認／正当化できるのか？
- どのように＿＿＿＿＿＿＿＿＿は＿＿＿＿＿＿＿＿＿＿に結びついているのか？
- もし＿＿＿＿＿＿＿＿＿＿＿＿＿＿＿だとすれば，何が起こるのか？
- ＿＿＿＿＿＿＿＿＿＿＿＿＿＿＿について，よくある誤概念は何か？

解釈

- ＿＿＿＿＿＿＿＿＿＿＿＿＿＿＿＿＿＿＿＿＿＿の意味は何か？
- ＿＿＿＿＿＿＿＿＿＿は，＿＿＿＿＿＿＿＿について何を明らかにするのか？
- どのように＿＿＿＿＿＿＿は＿＿＿＿＿＿に似ているのか（アナロジー／メタファー）？
- ＿＿＿＿＿＿＿＿＿は，どのように私／私たちに関係しているのか？
- だから何なのか？　なぜそれが重要なのか？

応用

- いつ，どのように，私たちはこれ（知識／プロセス）＿＿＿＿＿を活用することができるのか？
- どのように＿＿＿＿＿＿＿＿＿＿はより広い世界において応用されているのか？
- ＿＿＿＿＿＿＿＿＿（障害，制約，難題）を克服するために，私たちは＿＿＿＿＿＿＿をどのように活用することができるのか？

パースペクティブ

- ＿＿＿＿＿＿＿＿＿＿＿＿＿＿＿についての異なる視点はどのようなものか？
- このことは，＿＿＿＿＿＿＿＿＿＿の視点から見ると，どのように見えるのか？
- ＿＿＿＿＿＿＿は，どのように＿＿＿＿＿＿と似ている／異なっているのか？
- ＿＿＿＿＿＿＿＿＿＿に対する，ありうる反応としては他にどのようなものがあるか？
- ＿＿＿＿＿＿＿＿＿＿＿＿＿＿＿＿＿の長所と短所は何か？
- ＿＿＿＿＿＿＿＿＿＿＿＿＿＿＿＿＿の限界は何か？
- ＿＿＿＿＿＿＿＿＿＿＿＿＿＿＿＿＿の証拠は何か？
- 証拠は信頼できるものか？　十分か？

共感

- ＿＿＿＿＿＿＿＿＿＿＿＿＿＿＿の立場になってみると，どのようだろうか？
- ＿＿＿＿＿＿＿＿について，＿＿＿＿＿＿＿はどのように感じるだろうか？
- どのように私たちは＿＿＿＿＿＿＿＿＿＿についての理解に達するだろうか？
- ＿＿＿＿＿＿＿＿＿＿は何を私たちに感じさせ／見させようとしていたのか？

自己認識

- 私はどのように＿＿＿＿＿＿＿＿＿＿＿＿＿＿を知っているのか？
- ＿＿＿＿＿＿＿＿＿＿＿＿についての私の知識の限界は何か？
- ＿＿＿＿＿＿＿＿＿＿＿＿＿についての私の「盲点」は何か？
- 私はどのように＿＿＿＿＿＿＿＿を最もうまく見せることができるだろうか？
- ＿＿＿＿＿についての私の見解は，＿＿＿＿（経験，想定，習慣，偏見，スタイル）によって，どのように形づくられているのだろうか？
- ＿＿＿＿＿＿＿＿＿＿＿＿＿＿＿における私の長所と短所は何か？

＊ G. ウィギンズ＆J. マクタイ（西岡加名恵訳）『理解をもたらすカリキュラム設計』日本標準，2012年，p.145，および McTighe, J. & Wiggins, G., *Understanding by Design: Professional Development Workbook*, ASCD, 2004, p.156 をもとに本宮裕示郎作成。奥村好美・西岡加名恵編著『「逆向き設計」実践ガイドブック』日本標準，2020年，巻末資料④。

【ワークシート⑤】　第1段階の単元設計チェックリスト

単元設計テンプレートに記入した単元目標，「本質的な問い」，「永続的理解」，知識・技能をそれぞれ以下の観点から見直してみましょう。

単元目標	
該当の単元に直接関連し第2段階で評価されるゴール（学習指導要領・教科書など教材研究をふまえた目標）が過不足なく書かれている。	□はい　□いいえ
「本質的な問い」	
単元ごとの「本質的な問い」が該当の単元での探究を形づくり，手引きする一方で，包括的な「本質的な問い」は「重大な観念」を明確にし，他の単元や文脈につながる。	□はい　□いいえ
「本質的な問い」は，事実に目を向けさせる「先導する問い」というよりはむしろ，刺激的で議論を引き起こすものである。	□はい　□いいえ
必要に応じて，子どもたちにとってのわかりやすさのために，適切な「子どもの言葉」を用いて，「本質的な問い」がつくられている。	□はい　□いいえ
「永続的理解」	
適切なゴール（学校のカリキュラムの目標や学習指導要領など）から引き出されている。または，適切なゴールと足並みがそろっている。	□はい　□いいえ
（「重大な観念」の転移を促すための）包括的な理解と（指導や学習，評価に焦点を合わせるための）単元ごとの理解がどちらも書かれている。	□はい　□いいえ
「子どもは，〜が……だと理解する」という定型文に即した完全な文として書かれている。	□はい　□いいえ
定義上，明白でも真実でもない（つまり，事実的知識ではない）。子どもが理解するようになるために，（たんに述べられるよりはむしろ）看破される必要がある。	□はい　□いいえ
知識・技能	
評価基準を満たしたり，望ましい理解を可能にしたりするために必要な鍵となる知識・技能が明らかになっている。	□はい　□いいえ

＊ McTighe, J. & Wiggins, G., *Understanding by Design: Professional Development Workbook*, ASCD, 2004, p. 126 をもとに本宮裕示郎作成。奥村好美・西岡加名恵編著『「逆向き設計」実践ガイドブック』日本標準，2020年，巻末資料⑤。

【ワークシート⑥】 第2段階ワークシート：パフォーマンス課題のチェックリスト

※すべての項目を埋める必要はありません。
※太字の項目はとくに重要な項目です。

観点1：そのパフォーマンス課題は，めざしている成果にマッチしていますか？	
課題は，設定した「本質的な問い」を追究するようなものとなっていますか？	□はい □いいえ
課題は，この単元の重要な内容についての「理解」を求めていますか？	□はい □いいえ
課題は，専門家や大人が直面するような，現実的な課題に挑む場面をシミュレーションするものとなっていますか？	□はい □いいえ
課題は，教科書の内容を書き写すことや，決まった手順を繰り返すこととは異なる，子どもたち自身の思考やパフォーマンスを求めていますか？	□はい □いいえ
課題で評価される学力は，ペーパーテストで測ることのできる学力（個別の知識・技能）とは区別されるものですか？	□はい □いいえ
観点2：そのパフォーマンス課題は，指導するときに重要なものとなっていますか？	
課題は，単元の山場（最も重要な時間）に位置づくようなものですか？	□はい □いいえ
課題は，すぐに答えが出ず，子どもたちの多様な考え方を引き出すものですか？ 時間をかけて考えるに値するものとなっていますか？	□はい □いいえ
課題は，子どもたちにとって挑戦的なものとなっていますか？ 課題は，子どもたちを適度に背伸びさせるものですか？	□はい □いいえ
課題に取り組んだ子どもたちの作品や実演を評価することで，次の指導に役立つ情報を得ることができますか？	□はい □いいえ
観点3：そのパフォーマンス課題は，子どもたちにとって大切なものとなっていますか？	
課題は，GRASPS の要素をふまえてつくられていますか？ 子どもたちに求められている成果や役割，基準がはっきりしていますか？	□はい □いいえ
課題は，子どもたちが「この課題をやってみたい」と思えるような，魅力的なものとなっていますか？	□はい □いいえ
課題は，子どもたちが「これは取り組む必要がある大事なことだ」と思えるような，切実なものとなっていますか？	□はい □いいえ
課題への子どもたちの取り組み方には，ある程度の自由が認められていますか？	□はい □いいえ
子どもたちに示す課題の説明は，過不足なく簡潔なものとなっていますか？（意図的に余分な説明を入れている場合は除きます）	□はい □いいえ

* Wiggins, G., *Educative Assessment: Designing Assessments to Inform and Improve Student Performance*, Jossey-Bass, 1998, p. 151, McTighe, J. & Wiggins, G., *Understanding by Design:Professional Development Workbook*, ASCD, 2004, p. 207 などを参照しつつ，徳島祐彌作成。奥村好美・西岡加名恵編著『「逆向き設計」実践ガイドブック』日本標準，2020年，巻末資料⑥。

【ワークシート⑦】 ルーブリックづくり用テンプレート

教科・科目：＿＿＿＿＿＿＿＿＿＿＿　学年：＿＿＿＿＿＿＿＿　名前：＿＿＿＿＿＿＿＿＿＿＿＿＿＿

単元・課題：＿＿＿

レベル	作品ナンバー	記述語
5 素晴らしい		
4 良い		
3 合格		
2 もう少し		
1 かなり改善を要する		

＊西岡加名恵作成。奥村好美・西岡加名恵編著『「逆向き設計」実践ガイドブック』日本標準，2020年，巻末資料⑦。

【ワークシート⑧】 第2段階ワークシート：ルーブリックのチェックリスト

※すべての項目を埋める必要はありません。
※太字の項目はとくに重要なものです。

観点1：そのルーブリックは，評価の規準・基準としてよいものとなっていますか？	
ルーブリックで評価するものは，個別の知識・技能を点検するチェックリストでは評価できないものですか？　それぞれ区別して用いていますか？	□はい　□いいえ
「合格」レベルの子どもは，たしかに「理解」をしているといえますか？　また，「不十分」レベルの子どもは，まだ「理解」に至っていないといえますか？	□はい　□いいえ
ルーブリックは，（レポートの文字数や字の丁寧さなど）見えやすい特徴ではなく，パフォーマンスの核心となる特徴を評価するものとなっていますか？	□はい　□いいえ
ルーブリックの記述語は，（「かなり」「よく」「あまり」のような）単純な比較の言葉ではなく，パフォーマンスの質をとらえる言葉でつくられていますか？	□はい　□いいえ
ルーブリックの一つの観点のなかに，異なる観点が混ざらないようにつくられていますか？　また，必要な場合には観点を分け，観点別ルーブリックにしていますか？	□はい　□いいえ
ルーブリックは，実際の子どもの作品例をふまえてつくられていますか？　子どもたちの学習の実態をふまえてつくられていますか？	□はい　□いいえ
ルーブリックの記述語を具体的に把握するために，（いくつかのレベルに）各レベルを代表する子どもの作品（アンカー作品）を添えていますか？	□はい　□いいえ
観点2：そのルーブリックは，指導に活かすことのできるものですか？	
どのパフォーマンス課題に対してルーブリックを使うか決めていますか？ルーブリックを用いる対象（子どもの作品や実演）を決めていますか？	□はい　□いいえ
ルーブリックに示されている記述語の意味（観点とレベル，規準と基準）は，採点をする教師の間で十分に共有されていますか？	□はい　□いいえ
ルーブリックの中身は，子どもたちと共有できるものですか？　子どもたちにとって難しい場合，共有する工夫がなされていますか？	□はい　□いいえ
子どもたちは，ルーブリックを使って自分自身のパフォーマンスを改善することができますか？	□はい　□いいえ
ルーブリックを使って採点をしたときに，どのような情報が得られるのか，その情報を次の指導にどう活かすのかについての見通しが立っていますか？	□はい　□いいえ

＊ Wiggins, G., *Educative Assessment: Designing Assessments to Inform and Improve Student Performance*, Jossey-Bass, 1998, pp. 184-185, McTighe, J. & Wiggins, G., *Understanding by Design: Professional Development Workbook*, ASCD, 2004, p. 207などを参照しつつ，徳島祐彌作成。奥村好美・西岡加名恵編著『「逆向き設計」実践ガイドブック』日本標準, 2020年，巻末資料⑧。

【ワークシート⑨】　第3段階ワークシート：WHERETO によって学習の流れを確認しましょう

　どのような指導と学習経験の流れによって，子どもは，求められている理解に向けて取り組み，理解を深め，実地で示すことができるようになるのでしょうか？　これから行う単元計画，もしくはこれまでに行った単元の記録における，カギとなる指導と学習活動を順番にリストアップしてください。そのうえで，それぞれの項目に，WHERETOの要素に対応する適切なイニシャルを記号としてつけてください（WHERETOの順番通りに振られるとは限りません）。これによって，WHERETOの要素を意識しながら指導計画を立案しチェックするとともに，その流れを再認識できるでしょう。

W どこへ，そしてなぜ		**H** 関心をつかみ，維持する	
	E 探究・経験し，可能にし，用意させる		
R 振り返り，再考し，修正する		**E2** 作品と進歩を評価する	
T 学習活動を調整し，個性化する		**O** 最善の効果をもたらすために組織する	

例：単元「栄養」
・栄養が自分の生活に与える影響について，子どもたちが疑問をもてるように，
　「あなたの食べるものは，にきびの原因となりうるか？」という導入の問いで始める。　　　　　　　**H**
・食品ピラミッドを紹介し，それぞれの階層の食品の具体例を示す。子どもたちはグループで，
　それぞれの階層の食品の写真を載せた，食品ピラミッドのポスター作りを行う。
　教師は，活動中に子どもたちを観察し，アドバイスを行う。　　　　　　　　　　　　　　　**E, E2**
　［中略］
・子どもたちは，自分の食事習慣を自己評価し，
　「健康的に食べる」というゴールに向けた行動計画を立てる。　　　　　　　　　　　　　　　　　**T**

単元「　　　　　　　　　　　　　」
・

・

・

・

・

・

・

＊ G. ウィギンズ＆J. マクタイ（西岡加名恵訳）『理解をもたらすカリキュラム設計』日本標準，2012年，p.30，および McTighe, J. & Wiggins, G., *Understanding by Design: Professional Development Workbook*, ASCD, 2004, pp.226-227 を参照しつつ，中西修一朗が加除修正。奥村好美・西岡加名恵編著『「逆向き設計」実践ガイドブック』日本標準，2020年，巻末資料⑨。

　下の表は，WHERETO にもとづいて，指導計画をチェックするためのものです。「はい」にチェックできたなら「その根拠は何だろう？」，「いいえ」にチェックするのなら「『いいえ』のままでいいのだろうか，もし『はい』にすべきだとすればどうすればいいのか」と考えてみてください。ただし，必ずしも，良い指導計画であればすべての項目に「はい」がつくとはいえません。

W	子どもたちは，これから自分たちが何を学習するのかを，はっきりとつかめるだろう。	□はい　□いいえ
W	子どもたちは，何を期待されているのか（たとえば，何ができるようにならないといけないのか）を，はっきりとつかめるだろう。	□はい　□いいえ
W	子どもたちは，自分たちの学習成果がどのように評価されるのかを，はっきりとつかめるだろう。	□はい　□いいえ
W	子どもたちがどんな誤解をしているかや，この単元でどんなつまずきをする可能性があるかをさぐるために，何らかの診断的評価が行われる。	□はい　□いいえ
H	とくに導入の授業や活動において，子どもたちが参加できるように明確にデザインされている。	□はい　□いいえ
E	学習計画には，「重大な観念」を理解するのに書くことのできない経験が含まれている。	□はい　□いいえ
E	最終的に望ましい理解に到達し，パフォーマンス課題に十分に取り組めるように，必要な情報や技術を習得する機会が用意されている。	□はい　□いいえ
R	子どもたちには，この単元を学習する以前の考え方をとらえ直したり，この単元によって自分が理解しつつあることを考え直したりする機会が与えられている。	□はい　□いいえ
R	子どもたちには，フィードバックや指導にもとづいて，自分の作品や発表を修正する機会が与えられている。	□はい　□いいえ
E2	個人やグループでの学習の進行状況について，随時，評価する機会がある（自己評価を含む）。	□はい　□いいえ
T	子どもたちの興味や学習スタイルや能力は多様である。それに応じて学びを個性化するために，学習内容や学習プロセスやパフォーマンス課題は調整されるだろう。	□はい　□いいえ
O	学習活動の流れは，子どもたちが積極的に参加し，存分に活躍して学習できるように構成されている。	□はい　□いいえ

＊McTighe, J. & Wiggins, G., *Understanding by Design: Professional Development Workbook*, ASCD, 2004, p.238 を参照しつつ，中西修一朗が加除修正。奥村好美・西岡加名恵編著『「逆向き設計」実践ガイドブック』日本標準，2020年，巻末資料⑩。

【ワークシート⑪】 理解と設計について考える

次に引用されている文章から，あなたが共感するものを選び，なぜそれが好きなのかを説明してください。また，具体的な例を挙げてみてください。

- 最初から目的を念頭に置いておくということは，目的地を明確に理解することから始めることを意味する。それは，あなたが常に正しい方向へ向かえるように，今どこに自分がいるかをよりよく理解できるように，どこに向かっているかを知ることを意味する。

——Stephen Covey
The Seven Habits of Highly Effective People

- 「逆向き設計」論を用いることで，活動志向の指導と網羅志向の指導という「双子の過ち」を避けやすくなる。

- 理解とは「事実や概念，スキルを新しい状況に適切な方法で活用するための能力」である。

——Dr. Howard Gardner

- もし教科書が答えを示してくれているのなら，私たちはその答えを導くことになる問いを探究するべきである。

- 教室で行われる評価の主要な目的は，指導を行い，学習を改善することにある。決して子どもを分類したり，選別したりするためではなく，成績付けを正当化するためでもない。

——Jay McTighe and Steven Ferrara
Assessing Learning in the Classroom

- 教師の主要な仕事は各教科における重要な観念を看破することである。決して教科書を網羅することではない。

- 「聞いたことは忘れる。見たことは覚えている。経験したことは理解している」

——中国のことわざ

*McTighe, J. & Wiggins, G., *Understanding by Design: Professional Development Workbook*, ASCD, 2004, p. 253 を参照して奥村好美作成。奥村好美・西岡加名恵編著『「逆向き設計」実践ガイドブック』日本標準，2020年，巻末資料⑪。

1 教科の本質を追求する単元構想に関する理解度評価用ルーブリック

　「逆向き設計」論をふまえた単元構想について，あなたの理解はどのレベルに達しているでしょうか？該当するレベルの記述語に■を記入しましょう。

レベル	記述語
適応的熟達者	□教科内容を構造化し，単元レベルだけでなく，より長期的な視野をもって，教科の本質を的確にとらえるとともに，それと目の前の子どもの具体的な思考や理解と結び付けて「本質的な問い」，「永続的理解」，パフォーマンス課題を設計し，それを子どもの学びのストーリーとして効果的に組織化した単元構想ができる。また，目の前の子どもの実態に応じて，単元の途中で学びの道筋や終末の課題を再設計したりできる。学校のカリキュラム全体を熟知・展望し，他の教師にもコーチングやメンタリングができる。
熟達者	□教科内容を構造化し，教科の本質を的確にとらえるとともに，それと目の前の子どもの具体的な思考や理解と結び付けて「本質的な問い」，「永続的理解」，パフォーマンス課題を設計し，それを子どもの学びのストーリーとして効果的に組織化した単元構想ができる。
中堅	□知識・概念やスキルの類型をふまえて，本質的な内容をある程度とらえて，それを子どもの思考や理解と結び付けて「本質的な問い」，「永続的理解」，パフォーマンス課題を設計し，それを無理なく位置づけた単元構想ができる。
初心者	□知識・概念やスキルの類型をふまえて教科内容の構造を不十分ながらとらえようとしていて，本質的な内容をとらえきれてはないが，「本質的な問い」，「永続的理解」，パフォーマンス課題を形だけは盛り込んで単元構想ができる。

2 「学力評価スペシャリスト」のための理解度チェックリスト

　このチェックリストには，学力評価に関する探究を支援するための「問い」を示しています。それぞれの「問い」に対する限定的な理解を求めるものではありません。この「問い」を手掛かりに関連書籍を読んだり校内研修で議論を行ったりして，理解を深めていきましょう。

A. 教科の本質を追求する単元構想

□（1）パフォーマンス評価とは，どのような評価なのか？
□（2）パフォーマンス課題を用いる意義は何か？
□（3）「知の構造」と評価方法・評価基準は，どのように対応しているのか？
□（4）担当教科において，パフォーマンス課題はどのような単元に位置づければよいのか？
□（5）担当教科の「本質的な問い」・「永続的理解」（教科の特質に応じた「見方・考え方」）はどのようなものか？
□（6）パフォーマンス課題のシナリオは，どのように作ればよいのか？（妥当性，真正性，レリバンス，レディネス）
□（7）パフォーマンス課題に取り組む力を身につけさせるために，どのように単元を構造化すればよいのか？
□（8）教科や単元を超える視点をパフォーマンス課題にどのように活かすか？

B. 学習者主体の授業構想

□（1）教科において，使えるレベルの学力（「見方・考え方」など）を育てる学習活動はどのようなものか？
□（2）目標を明確化するとはどういうことか？
□（3）「教科書で教える」とはどういうことか？
□（4）ここ一番で学習者にゆだねる授業展開をどうつくるか？
□（5）どうすればパフォーマンス課題に向けて力をつけていく授業展開ができるのか？
□（6）グループ学習など多様な学習形態をどう効果的に使うのか？
□（7）子どものつまずきを教師が生かすだけでなく子ども自身が生かす（自己評価力の育成につなげる）には，どのような手立てが考えられるのか？

C. 「目標に準拠した評価」の実現

□（1）「目標に準拠した評価」の意義と課題は何か？
□（2）診断的評価・形成的評価・総括的評価とはどのようなものか？
□（3）「資質・能力」の3つの柱に対応する有効な評価方法は何か？
□（4）情意領域（「主体的に学習に取り組む態度」）をどのように評価するのか？
□（5）ルーブリックとは何か？　どのようにつくればよいのか？
□（6）学力評価計画をどのように立てればよいのか？（カリキュラム適合性，比較可能性，公正性，実行可能性）
□（7）個人内評価をどのように位置づければよいのか？
□（8）ゴールフリー評価（目標にとらわれない評価）をどのように位置づけるのか？

D. カリキュラム改善

□（1）カリキュラム・マネジメントとは何か？
□（2）どのようにカリキュラム評価を行えばよいのか？
□（3）カリキュラムの改善をどのように進めればよいのか？
□（4）ルーブリックづくりから指導の改善をどのように図ればよいのか？
□（5）「資質・能力」を育成するカリキュラム（年間指導計画）をどのように構想できるのか？
□（6）ポートフォリオ評価法をどのように活用できるのか？
□（7）校内研修をどのように行えばよいのか？

＊京都大学大学院教育学研究科 E.FORUM 主催「学力評価スペシャリスト研修」（2017年度）にて，北原琢也作成。ただし，転載にあたって書式は変更した。奥村好美・西岡加名恵編著『「逆向き設計」実践ガイドブック』日本標準，2020年，巻末資料⑫。

- 「逆向き設計」を学ぶ前と後で，単元設計をする際に何か変わりましたか。変わらないところ，変わったところを挙げてみましょう。

- 「逆向き設計」論のテンプレートを用いて単元を考えるときにどこに難しさを感じますか？

- 「逆向き設計」論があてはまるさまざまな状況の例を挙げてみください。（例：旅行を計画する）

- 無目的に計画したことで問題が発生したり効果的な結果が得られなかったりした場合の例を考えてみてください。その状況について簡単に記述してみてください。

- 友人や同僚とこの例について話し合ってみてください。「逆向き設計」論についてどんな一般化ができそうですか？

＊McTighe, J. & Wiggins, G., *Understanding by Design: Professional Development Workbook*, ASCD, 2004, pp. 255-256を参照して奥村好美作成。奥村好美・西岡加名恵編著『「逆向き設計」実践ガイドブック』日本標準, 2020年, 巻末資料⑬。

［編著者］

奥村好美　　　京都大学大学院教育学研究科准教授

西岡加名恵　　京都大学大学院教育学研究科教授

［執筆者］

本宮裕示郎　　千里金蘭大学生活科学部児童教育学科講師

徳島祐彌　　　盛岡大学文学部児童教育学科助教

中西修一朗　　大阪経済大学情報社会学部講師

石井英真　　　京都大学大学院教育学研究科准教授

田中容子　　　京都大学大学院教育学研究科特任教授

北原琢也　　　京都大学大学院教育学研究科特任教授

黒田真由美　　京都大学大学院教育学研究科研究員

若松大輔　　　弘前大学大学院教育学研究科助教

盛永俊弘　　　佛教大学教育学部特任教授

［執筆者　大阪府大阪市立本田小学校］

校長　錢本三千宏（執筆時。2022年4月より大阪教育大学総合教育系学校部門大学院連
　　　　　　　　　合実践研究科地域連携・教育推進センター特任教授）

教頭　今村友美（執筆時。2022年4月より同校校長）

首席　流田賢一（執筆時。2021年4月より大阪市立堀川小学校）

教諭　清水麻衣（執筆時。2019年4月より大阪市立栄小学校）

教諭　宮本真希子

教諭　金尾貴徳

教諭　長原尚哉（執筆時。2022年4月より大阪市教育委員会）

（執筆順，所属は2023年1月現在）

編著者紹介

奥村好美（おくむら よしみ）

京都大学大学院教育学研究科准教授

主な著書に，『〈教育の自由〉と学校評価』（単著，京都大学学術出版会，2016年），『パフォーマンス評価』（共著，ぎょうせい，2011年），『グローバル化時代の教育評価改革』（共著，日本標準，2016年），『教育方法と授業の計画』（共著，協同出版，2017年），『よくわかる教育課程』（共著，2018年），『教育課程・教育評価』（共著，2018年），『パフォーマンス評価入門』（共訳，2012年）［以上，ミネルヴァ書房］など。

西岡加名恵（にしおか かなえ）

京都大学大学院教育学研究科教授

日本教育方法学会理事，日本カリキュラム学会理事，文部科学省「育成すべき資質・能力を踏まえた教育目標・内容と評価の在り方に関する検討会」委員など。

主な著書に，『教科と総合学習のカリキュラム設計』（単著，図書文化，2016年），『教科の「深い学び」を実現するパフォーマンス評価』（共編著，2019年），『小学校　新指導要録改訂のポイント』（共編著，2019年），G・ウィギンズ＆J・マクタイ『理解をもたらすカリキュラム設計』（訳，2012年）［以上，日本標準］，『教育課程』（編著，協同出版，2017年），『新しい教育評価入門』（共編著，有斐閣，2015年），『高等学校 教科と探究の新しい学習評価』（編著，学事出版，2020年）など。

「逆向き設計」実践ガイドブック
『理解をもたらすカリキュラム設計』を読む・活かす・共有する

2020年4月10日　第1刷発行
2023年2月10日　第5刷発行

編　著　者　　奥村好美・西岡加名恵
発　行　者　　河野晋三
発　行　所　　株式会社 日本標準
　　　　　　　〒350-1221　埼玉県日高市下大谷沢91-5
　　　　　　　電話　　04-2935-4671
　　　　　　　FAX　　050-3737-8750
　　　　　　　URL　　https://www.nipponhyojun.co.jp/
印刷・製本　　株式会社 リーブルテック